GUÍA PARA INTERPRETAR

LOS SUEÑOS

Jesús García-Consuegra González

Editorial Creación

Temática: Interpretación de sueños, Autoayuda

© Jesús García-Consuegra González
© Editorial Creación
   Tel.: 664755502
   http://www.editorialcreacion.es
   http://editorialcreacion.blogspot.com/

Primera Edición: Junio de 2003

ISBN: 978-84-95919-04-5

Depósito Legal: SE-1703-2003

ÍNDICE

INTRODUCCIÓN

El hombre, desde las más remota antigüedad, ha observado sus sueños en busca de algún significado que pudiera satisfacerle. Los primeros documentos escritos demuestran que les daba una importancia primordial. En el antiguo Egipto se creía que eran mensajes de los dioses. El primer libro, según se cree, sobre sueños fue compuesto por ellos hace unos cuatro mil años.

La cultura Asirio-Babilónica también elaboró libros de interpretación de sueños.

Los hebreos tenían a sus propios interpretes elegidos por Jehová. Recordemos, por citar algunos, los sueños de José, Jacob y Salomón; y al poderoso rey Nabucodonosor cuyos sueños fueron interpretados por Daniel, el intérprete elegido por Jehová y único, según el propio rey, que descifró sus sueños correctamente.

El mismo Génesis, escrito por Moisés, según se cree, ocurrió, en opinión de algunos autores, en la dimensión a la que va el hombre cuando sueña: el mundo del deseo. No se explica de otra manera que la serpiente que sedujo a Eva hablase tranquilamente sin que el autor, al escribirlo, aclarase por qué hablaba un animal que, en el mundo físico, que sepamos, nunca ha hablado. Pero sí es normal en la dimensión del sueño, allí pueden ocurrir cosas que en el mundo material son imposibles.

Los griegos también consideraban a los sueños mensajes divinos. De hecho existían muchos templos sagrados donde se daba culto al sueño.

Pero ¿por qué se creía tanto en los sueños en la antigüedad? La tradición hermética nos ha trasmitido que el hombre no fue creado en el mundo físico, sino que apareció por primera vez en una región espiritual, que se conoce entre los ocultistas como Periodo de Saturno. Desde allí ha ido descendiendo, poco a poco, hacia la época en la que nos encontramos, que es el Periodo Terrestre. Antes de llegar aquí pasó por el Periodo Solar y el Periodo Lunar. En este último, el hombre vivía en una dimensión, que algunos llaman mundo astral; y otros, mundo del deseo. Este camino de descenso, desde el Periodo de Saturno hasta el Periodo Terrestre, ha constituido para el hombre un camino hacia el desarrollo de la autoconciencia, cualidad conquistada recientemente (hablamos de miles de años). Ese momento en el que el ser humano toca tierra, por así decirlo, se describe en la Biblia con la historia de Adán y Eva. Adán y Eva - dice Fabre d`Olivet - Es toda la humanidad de aquellos tiempos (masculina y femenina) que, antes de caer en el mundo de físico, vivía en el mundo astral. Para él el mundo material-sensible era como ahora es el mundo de deseos o mundo de los sueños para nosotros, lo percibía como en forma de sueño. Durante mucho tiempo, el hombre vivió en ese mundo sin conciencia individual y era guiado por oleadas de vida superiores como pueden ser los ángeles.

Pero el hombre fue adquiriendo, poco a poco, la conciencia del mundo físico y alejándose cada vez más del mundo astral, y, al mismo tiempo que avanzaba hacia la autoconciencia, se alejaba cada vez más de sus creadores y de sus guías. Hasta que llegó un momento en el que sólo podía percibirlos al llegar la noche, cuando el sueño le vencía y podía viajar a esa dimensión, donde accedía fácilmente a sus consejos y directrices para no perderse en su vida diurna.

Las civilizaciones de la antigüedad sabían todo y esto y, por eso, daban tanta importancia a los sueños. Ellos tenían muy claro que los dioses les hablaban durante los sueños, y consideraban los mensajes que recibían en ellos como sagrados.

Poco a poco, a medida que el hombre fue descendiendo al mundo físico, el sueño fue quedando como más lejano, llegando incluso a ser considerado por los materialistas como una ficción que únicamente tenía que ver con el cuerpo físico y sus funciones fisiológicas.

Algo irreal que actuaba de forma caprichosa y sin sentido. Fue aquí donde entró en escena El Dr. Freud, que, con su libro: "La interpretación de los sueños", revolucionó por completo el mundo de los sueños, llegando a afirmar: " Para mi asombro descubrí un día que no era la concepción médica del sueño, sino la popular, medio arraigada aún en la superstición, la más cercana a la verdad."

Freud otorgó a los sueños una nueva dimensión, pero no interpretó los mensajes como los hombres de la antigüedad, es decir, no les dio ese sentido trascendente y espiritual que le daban los antiguos. Según él, los sueños respondían a los deseos, que, por religión, ética, educación o moralidad, habían sido reprimidos. El simbolismo de los sueños, para Freud, se relacionaba con los deseos insatisfechos y los instintos primitivos. A la mayoría de los símbolos les dio un significado principalmente sexual.

Fue uno de sus discípulos: Carl Jung, quien captó otro significado que, bajo nuestro punto de vista, era más avanzado. Jung desarrolló la idea del inconsciente colectivo, que estaba formado por símbolos, sentimientos, ideas y recuerdos heredados y compartidos por toda la humanidad. Muchos símbolos que se encuentran en nuestro libro y otros libros del mundo editorial, se basan en arquetipos tomados del inconsciente colectivo, que son comunes a todos los individuos.

Como hemos dicho anteriormente, el hombre recibía los consejos de los seres superiores que habitaban en el mundo astral cuando dormía y su espíritu se trasladaba a esta dimensión. A medida que el hombre se ha ido desarrollando, es su propio espíritu, (que es la parte que se encarna en varios cuerpos a lo largo de toda la evolución), quien le da los consejos mientras duerme; pero lo hace a través de símbolos tomados del inconsciente colectivo o de su propio inconsciente particular. Pero ¿por qué el Yo eterno necesita darle consejos al yo pasajero? Porque éste, una vez que se ha encarnado, pierde a menudo la orientación que recibió antes de bajar al mundo material y, debido a su libre albedrío, puede confundirse y desviarse completamente del camino trazado por su Yo superior; es decir, los objetivos del Yo eterno y el yo pasajero, siendo los mismos, pueden llegar a ser opuestos porque a uno (al Yo superior) le interesa la evolución de la conciencia; mientras que al otro (al yo pasajero) lo que le interesa es pasarlo lo mejor posible ignorando o no haciendo caso de las posibles consecuencias que puedan derivarse de un actuar incorrecto en cada encarnación. En este sentido, interpretar los mensajes que, de nuestra parte trascendente, nos llegan a través de los sueños y seguir sus consejos nos llevará a vivir una vida más consciente, plena y feliz; mientras que ignorarlos o hacer caso omiso, nos traerá infelicidad, inconsciencia y dolor.

Desarrollar aquí por qué esto es así nos alejaría completamente del cometido de este libro, que es el de interpretar los símbolos para seguir sus consejos lo mejor que podamos.

Hay que tener en cuenta que cualquier libro de interpretación de sueños, entre los cuales incluimos el que tenéis en vuestras manos, no son unidireccionales, esto es, no están hechos para seguir sus consejos al pie de la letra, pues todavía estamos lejos de haber aprendido el lenguaje de los sueños de una manera total. La interpretación que damos en este diccionario es una guía para descifrar parte del mensaje de los sueños, pero siempre será el propio soñador el que tenga la clave y la interpretación más correcta de sus propios sueños, por lo que os aconsejamos que, una vez hayáis leído la sugerencia de interpretación que damos, meditéis profundamente sobre vuestro sueño y seáis vosotros los que terminéis de analizarlo y darle significado, siempre procurando no engañaros y siguiendo el hilo de vuestra propia intuición.

Si lo hacéis así, estamos seguros de que esta guía os aportará una ayuda incalculable para poder interpretar vuestros sueños y seguir el camino que ha trazado vuestro Yo superior.

J.GARCÍA

ABANDERADO

Soñar con una abanderado, significa que podemos hallarnos muy cerca de una promoción en nuestra profesión.

Según las circunstancias que veamos en el sueño, así será dicha promoción. Si lo que rodea al sueño es malo, será para mal; en cambio si es bueno, será para bien. De cualquier forma, se trata de adquirir un puesto de responsabilidad.

ABANDONO

Si los abandonados somos nosotros, suele tratarse de un mal presagio. Por ejemplo: si nos abandona nuestra madre, tendremos dificultades materiales; si es el padre, nos faltará la voluntad para llevar a cabo nuestros propósitos; si es el cónyuge, significa que nos vendrán circunstancias difíciles.

Si los que abandonamos somos nosotros, significa que estamos viviendo con unos principios y sobre unas bases que deben superarse. Es como vivir aprisionados por el medio ambiente amigos, familia, etc. El mensaje es el siguiente: Abandona los hábitos que te retienen aprisionado y decídete a ir más allá, a ser libre. Hay que tener en cuenta que lo que abandonemos en sueños, nos aclarará, mediante su simbolismo, qué es lo que nos retiene prisioneros y nos impide ser libres.

ABANICO

El abanico sirve para darnos aire. El aire representa el mundo de las ideas, el mundo mental. En este sentido, darnos aire, significa que necesitamos ideas nuevas, "aire fresco", es decir, nos hemos quedado sin ideas y necesitamos nuevas ideas para poder seguir trabajando.

Si el sueño denota coquetería al abanicarnos, es señal de que estamos siendo frívolos o tenemos una tendencia a serlo.

ABEJA

Si las abejas están fabricando miel, se trata de un mensaje positivo de éxito y prosperidad en nuestras empresas, gracias al trabajo en equipo.

Soñar que nos pica, es señal de que nos acecha un peligro. Si se atacan entre ellas, el peligro viene por parte de nuestros colegas o compañeros de trabajo es posible que las diferencias entre los que trabajan en equipo pueda acabar en disputa.

Si nos ataca un enjambre, indica que la situación que estamos creando con nuestros asociados y compañeros se puede volver contra nosotros.

Si la vemos en una flor, significa que está naciendo un amor.

ABEJORRO

Soñar con abejorros, significa que alguien nos quiere hacer daño. Matarlo o ahuyentarlo es señal de que hemos descubierto a tiempo la trampa que nos estaba tendiendo.

ABDICAR

El sueño indica que hay que delegar en los demás; hay que abandonar voluntariamente el poder que se ejerce de forma autoritaria con los demás: familia, amigos, hijos, etc. Si no, ellos serán los que nos dejen sin autoridad, y entonces perderemos todo.

ABISMO

Si nos precipitamos en un abismo, es un aviso de que nuestra vida no se asienta en una base segura. La seguridad en que nos basamos es ficticia o falsa y va a terminar hundiéndose. Esta seguridad puede ser moral, profesional o, incluso, económica.

Si se trata de la moral, el mensaje del sueño nos avisa de que nuestros principios son falsos y, por tanto, quedarán en evidencia. Si es profesional, nos indica que nos valoramos por encima de nuestras posibilidades y, en este caso, el mensaje es claro

Debemos perfeccionarnos más y no pensar que ya lo conocemos todo en nuestra profesión. Si lo falso es nuestra economía, el sueño nos avisa de que hemos de buscar lo que hay de malo en ella para corregirlo.

Resumiendo: caernos en un abismo trae el mensaje de que algo que parecía firme y sólido en nuestra vida no lo es tanto, y terminará hundiéndose.

Si sólo vemos el abismo pero no llegamos a caer, significa que podremos intuir y corregir los males que se nos avecinan.

ABOGADO

Soñar con una abogado que nos defiende es señal de que necesitamos protección. Si acudimos a él para que nos defienda, es indicativo de que en algún aspecto de nuestra vida necesitamos que alguien nos eche una mano. El mensaje es: "¡Déjate ayudar!".

ABORTO

El aborto indica que algo que se ha estado gestando no llegará a su natural término y, por tanto, no se verán los frutos o los resultados. Es un aviso para cambiar la forma de hacer las cosas.

ABRAZAR

Generalmente, significa buena suerte, Dependiendo de la circunstancia del sueño, también suele indicar una despedida.

ABSOLUCIÓN

Si nos absuelven en sueños, es señal de que en la vida real también habrá una absolución, y aquellos que tenían una idea negativa de nosotros, cambiarán de actitud. También puede significar el final de un periodo de dificultades kármicas.

ABUELA

Es presagio de peligro. Hay que modificar la conducta actual, ya que puede representar la premonición de una desgracia por nuestra forma de actuar. El mensaje es el siguiente: ¡Has perdido el rumbo, vuelve al camino que ha trazado tu alma!

ABUELO

Si el abuelo ya ha fallecido representa la espiritualidad arcaica y corrompida que hay que abandonar. Por ejemplo: el rito, la rigidez, etc., que deben ser sustituidos por el impulso espiritual: el amor, la flexibilidad, la paz...

En caso de que aún esté vivo, la interpretación hay que hacerla en función de las circunstancias que rodean al sueño.

ACCIDENTE

Indica que hemos de actuar con prudencia, pues se trata de un peligro que nos acecha. El sueño nos avisa de que en nuestro entorno personal, social o profesional se puede producir una situación conflictiva.

También puede referirse a algún camino erróneo que se ha tomado en la vida. El mensaje entonces sería: "Reflexiona sobre el camino que has tomado, pues puede acarrearte conflictos y obstáculos".

ACCIÓN

Esta activo en sueños, significa que hemos de trasladar esa acción a la vida divina. Debemos fijarnos en lo que hacemos. Si desarrollamos, por ejemplo, una actividad intelectual, debemos prestar más atención a muestro desarrollo cultural. Si estamos haciendo un trabajo físico, debemos prestar más atención a ese tipo de trabajo.

Muévete en la dirección que te sugiere el sueño. Es la indicación de una capacidad espiritual que está latente en el individuo y que no se está desarrollando en el momento actual

ACEITE

Soñar con aceite es símbolo de riqueza y prosperidad, excepto cuando se derrama que indica infortunio.

ACELERAR

Acelerar un vehículo, significa que hemos de tener cuidado, pues nos avisa de que corremos el riesgo de no meditar bien lo que hacemos. Estos cambios bruscos y pasionales nos pueden traer complicaciones con los demás.

ACERA

Si caminamos por ella, significa que nos sentimos más seguros andando por la vida. Si nos bajamos de ella, nos indica que podemos perder nuestra actual forma de vida, y esto nos hará perder seguridad.

ABUNDANCIA

Anuncia tiempos difíciles de escasez en: recursos materiales, amor, dinero, ideas... El sueño indica que se acercan tiempos de penuria, por lo que debemos ser precavidos y llenar nuestras despensas, tanto materiales como espirituales, si queremos sobrevivir. De lo contrario, pasaremos tiempos de pobreza y escasez.

ACADEMIA

Si la vemos, significa que haremos progresos intelectuales; si asistimos a ella, suerte en el futuro; si estamos estudiando, es señal de que debemos asimilar las enseñanzas que nos ofrece la vida. El mensaje es: Aprende, extrae la quintaesencia de tus propias experiencias.

ACANTILADO

Si caemos por él es señal de que obtendremos bienes materiales, pero a cambio de una degeneración en la moral.

Si subimos por él, significa que hallaremos el éxito a pesar de las dificultades.

El sueño se suele traducir por una degeneración moral (si caemos) o una elevación (si lo escalamos).

Si no deseamos degenerar moralmente, habremos de poner los medios para que esto no ocurra y no dejarnos llevar por deseos egoístas y materialistas que nos pueden llevar a actuar con una doble moral o una moral perversa, ajena a nosotros mismos.

ÁCIDO

El ácido es corrosivo. Soñar con ácido indica que algo nos corroe o que nuestra relación con el entorno es ácida. Tal vez estemos siendo demasiado corrosivos con nosotros mismos y con los demás. El sueño nos advierte para que eliminemos acidez hacia nosotros mismos y hacia nuestra relación social.

ACLAMACIONES

Soñar que nos aplaude un público al que no podemos ver el rostro o no conocemos, es señal de peligro. Lo que están aplaudiendo son nuestros bajos instintos. La multitud que aplaude es el símbolo de nuestros deseos y nuestros instintos perversos, que intentan acallar, con su aplauso ruidoso, la voz de nuestro Yo Superior.

ACOSTARSE

Soñar que nos acostamos, significa que nuestro Yo Superior no quiere seguir el camino que le impone nuestro yo físico, y prefiere parar. Es un aviso para indicarnos que si seguimos por ese camino, lo haremos sin la ayuda y el apoyo de nuestra espíritu.

Pero puede suceder que sea al revés, que nuestro yo físico sea el que no quiere seguir el camino del Yo Superior. La respuesta la obtendremos por la circunstancia que rodea al sueño.

ACTOR, ACTRIZ

La vida nos otorga a cada uno un papel en el gran teatro del mundo. Soñar con un espectáculo en el que hay actores y actrices, y nosotros mismos representamos un papel, nos indica que no debemos identificarnos en exceso con el papel que nos ha tocado en la vida, pues nuestra alma es mucho más que un personaje.

ACUARIO

Soñar con un acuario es símbolo de paz y felicidad en el terreno de los sentimientos.

ACUMULAR

Soñar con que acumulamos, ya sea dinero o cualquier otra cosa, es un aviso de que podemos tener pérdidas. También nos indica que corremos el riesgo de convertirnos en unos avaros si no corregimos nuestra actitud. En este sentido, hay que hacer un examen de conciencia para detectar nuestra tendencia negativa y corregirla.

ACUSAR

Si acusamos en el sueño a alguien, significa que tendremos dificultades. Si somos nosotros los acusados, el ambiente será de alegría.

ADELGAZAR

Si en el sueño alguien nos dice que estamos muy gordos y que debemos hacer una dieta de adelgazamiento, entonces el mensaje es: "Despréndete de las cosas que no te son útiles". Estas cosas están simbolizadas por esos kilos de más.

Si, por el contrario, nos vemos que perdemos peso de más, es una aviso de que debemos tener cuidado, pues nos estamos desprendiendo de aquellos recursos que son vitales para nuestra existencia. También el sueño nos puede mostrar que hemos de atender a nuestra salud, ya que, si no, podemos caer enfermos.

ADICCIÓN

Ser adicto a algo en sueños nos indica una adicción en la vida real. Si somos adictos a una persona, significa que nos somos capaces, por nuestros propios medios, de adquirir una responsabilidad. Si somos adictos a una idea, indica un comportamiento obsesivo.

Ser adicto a las drogas, al tabaco o al alcohol indica que somos muy dependientes en el mundo externo con las consecuentes complicaciones que ello conlleva. Además, indica que huimos de la realidad y creamos otra que nos parece mejor, para transformarla. Buscamos otro estado de conciencia sin querer hacer el trabajo necesario para conseguirlo. De esta forma, penetramos por una puerta falsa (el tabaco, el alcohol, las drogas...). Y esta realidad que encontramos en la adicción ha de desmoronarse muy pronto.

Sal de la adicción, asume tus responsabilidades y adquiere, por tus propios medios, la realidad que anhelas. Ése es el mensaje del sueño.

ADIÓS

Un adiós es siempre una despedida de algo o de alguien. Generalmente suele indicar que dejamos un hábito que, hasta ahora, nos mantenía prisioneros.

Si, al decir adiós a alguien, nos brotan las lágrimas, ello puede indicar que dejaremos un hábito que, aunque nos duela, nos permitirá ser más libres y más felices.

ADIVINANZA

Soñar que acudimos a un adivino, significa que pasamos por un periodo de angustia y confusión en el que necesitamos una orientación.

ADMIRAR

Si somos nosotros objeto de admiración, es señal de que nos estamos volviendo un poco vanidosos.

Si admiramos nosotros a alguien es indicativo de que una influencia, que creemos buena, nos puede causar perjuicio.

ADOLESCENTE

Vernos en sueños como un adolescente (si no lo somos evidentemente) indica que nos enfrentamos a una parte que no ha terminado de desarrollar en nosotros mismos. Quizá estamos viviendo algo que debimos haber vivido en otra etapa de la vida. Lo que hagamos o digamos siendo adolescentes tendrá que ver con la parte de nosotros no desarrollada y que, tal vez, hemos de desarrollar ahora, teniendo experiencias que pertenecen a la época juvenil.

También puede indicar que en la vida real nos comportamos como un adolescente y debemos cambiar esa actitud y adquirir la que nos corresponde por edad.

ADOPTAR

Soñar que adoptamos un niño, significa que vamos a cargar con la responsabilidad de otra persona, ya sea voluntaria o involuntariamente.

El sueño nos avisa para que tomemos las precauciones debidas, pues si otra persona ha de vivir situaciones difíciles, nosotros las vamos a pasar por él. Se trata quizá de una decisión errónea que estamos a punto de tomar sin haberla meditado demasiado. El mensaje, entonces, es: "¡Medita, antes de cargar sobre tus espaldas una responsabilidad que no te corresponde!"

ADORAR

Soñar que adoramos a la Divinidad, es un símbolo de paz y tranquilidad.

ADUANA

Pasar por una aduana anuncia cambios en nuestra vida. Tal vez se trate de un cambio de empleo, de una boda o de cualquier otro cambio importante para nosotros.

Si pasamos por la aduana tranquilamente y sin ninguna dificultad, indica que el cambio que se nos avecina se hará felizmente. En cambio, si hay dificultades, es señal de que entraremos en nuestra nueva situación social de forma traumática.

ADULTERIO

Soñar que somos víctimas de una adulterio, significa que alguien obtendrá algo de nosotros de forma ilícita, trabajando en un terreno que nos pertenece.

Si somos nosotros los que lo cometemos, nos avisa de que nos podemos estar beneficiando de aquello que, de forma legal, pertenece a los demás.

ADVERSARIO

Si en una pelea somos vencidos por el adversario, el sueño anuncia triunfo total. Si somos nosotros los que ganamos, es el preludio de que algo malo se nos avecina.

Esta pelea que nos aparece en sueños, es, en realidad, la pelea entre nuestro "yo físico consciente" y nuestro "Yo espiritual". El yo físico representa los intereses materiales y pasajeros, mientras que el Yo espiritual tiene a su cargo los intereses superiores y eternos. Por eso, si gana el rival, nos irá bien, porque ganan los intereses de nuestro Yo espiritual, que en definitiva es nuestro Yo verdadero. Si ganamos nosotros nos irá mal, porque significa que hemos elegido ir en contra de las leyes superiores.

ADVERTENCIA

Cuando soñamos que alguien nos advierte de un peligro, hemos de analizar bien sobre lo que nos advierte para tomarlo en cuenta. Normalmente se trata de un aviso del Yo superior hacia el yo inferior sobre algo que no estamos haciendo correctamente.

AFEITARSE

Soñar que nos afeitamos la barba, nos informa de que deseamos dejar el mentón (símbolo de la voluntad) al descubierto. O, lo que es lo mismo, que seremos más voluntariosos.

Pero también puede ser que lo que nos afeitemos sea el bigote. En este caso el mensaje es que existe un deseo de ser sinceros y dejar vía libre entre la nariz (símbolo del intelecto) y la boca (símbolo del corazón).

AFILAR

Soñar que afilamos cuchillos, u otros objetos que sirvan para cortar, significa que en nosotros existe una agresividad que, al igual que los cuchillos, terminará separando y dividiendo algo en nuestro entorno social. El mensaje del sueño es: "Controla tu agresividad antes que sea demasiado tarde".

Si es otro el que afila el cuchillo, es posible que alguien nos quiera perjudicar.

AGENTE (Ver autoridad).

AGLOMERACIÓN

Soñar con una aglomeración en la que nos hallamos nosotros, significa que necesitamos más holgura y más expresividad. El deseo de respirar más aire se traduce por una necesidad psicológica de salir de nuestras limitaciones, de aquello que nos aprisiona.

AGONÍA

Si alguien agoniza en nuestro sueño, es señal de que una relación o amistad con una persona se está deteriorando. Si termina muriendo, indica que esa persona se alejará de nosotros.

Si soñamos con nuestra propia agonía, debemos vigilar nuestro estado de salud, ya que es muy posible que aceche una enfermedad.

AGRESIÓN

Si nos agreden, significa que nos ayudarán de forma inesperada.

Si somos nosotros los que agredimos, es que nuestra precipitación impedirá la realización de nuestros deseos.

AGRICULTURA

Si cultivamos el campo en el sueño, es que estamos trabajando correctamente en el campo de la vida. Si vemos un campo sin cultivar y lleno de maleza, significa que no aprovechamos todas las oportunidades que nos ofrece la vida, no aprovechamos todo nuestro potencial.

AGUA

El agua simboliza las emociones, los deseos, los sentimientos, las sensibilidad, la abundancia...

Si soñamos con aguas puras y limpias, nos informa de sentimientos sinceros, nobles, altruistas... Las circunstancias determinarán a quien corresponden esos sentimientos.

Si soñamos con aguas turbias, cenagosas, encharcadas..., ello querrá decir que no hay sinceridad, sino que en esos sentimientos han anidado los malos deseos y las bajas pasiones.

ÁGUILA

Toda la vida que vuela se relaciona con las ideas. El águila es símbolo de poder y de una gran ideal.

Soñar con un águila que vuela hacia arriba, significa que vamos a ir en pos de un alto ideal que nos va a proporcionar obtener los objetivos que nos hemos propuesto. En cambio, si el águila vuela hacia abajo, significa que el alto ideal que tenemos se está degenerando.

AGUJAS

Si en sueños vemos agujas, es una aviso de que estaremos expuestos a ataques de otras personas. Si nos pinchamos con ellas, perderemos una amistad.

AGUJERO

Soñar con una agujero, significa que alguien nos tenderá una trampa

AHOGADO

Soñar que nos estamos ahogando, significa que estamos dejando que manden en nosotros nuestras emociones. Nuestro yo, literalmente, se ahoga y no deja hueco a la razón, lo que nos hará ser cada vez más inmorales.

Si es otra persona la que flota en el agua ahogada, el mensaje es el siguiente: "Obtendrás riqueza y dinero pero a costa de hacerte más vil y perverso".

AHORCADO

Anuncia una temporada en que la suerte no estará de nuestro lado. Si soñamos con un ahorcado, más nos vale no emprender negocios ni ningún otro proyecto comercial durante un tiempo, pues podemos sufrir pérdidas.

AIRE

El aire simboliza las ideas, la razón, el pensamiento. Los sueños en donde aparece este elemento hay que interpretarlos en relación a la vida psíquica.

Si el aire es limpio y claro, nos habla de ideas limpias y honestas, de pensamientos positivos. En cambio, si es oscuro, indica pensamientos negativos, ideas negras y turbias.

AJEDREZ

Soñar que jugamos al ajedrez indica que debemos atenernos a unas reglas de juego. La estrategia y la lógica nos hará triunfar en cualquier campo.

AJOS

El ajo purifica la sangre, mejora la circulación. Soñar que los comemos denota una necesidad de purificarnos en el asunto que nos deje entrever la circunstancia del sueño.

AJUAR

Soñar que preparamos un ajuar es augurio de felicidad, de próxima vida en común con el sexo opuesto.

ALABANZAS

Soñar con que recibimos alabanzas nos previene contra los que nos halagan en la vida real, ya que pueden tener un interés en hacerlo.

Si somos nosotros los que alabamos a alguien, debemos preguntarnos si estamos siendo sinceros con esa persona.

ALARMA

Si soñamos que oímos cualquier tipo de alarma, indica que hay un peligro a la vista. El mensaje es el siguiente: Analízate a ti mismo y lo que hay a tu alrededor y date cuenta de si se está haciendo algo que pueda resultar peligroso.

ALAS

Soñar que tenemos alas y volamos es símbolo de que ha llegado el momento de emprender el vuelo. Es un pronóstico de victoria en nuestro trabajo o nuestro negocio. El mensaje es el siguiente: "Ahora tus ideas obtendrán el éxito que deseas; lánzate a la acción".

ALEGRÍA

Soñar que estamos alegres puede indicar un periodo de tristeza.

ALFARERO

Soñar que creamos figuras de barro, moldeándolas con agua y fuego es un mensaje que hay que interpretar en el sentido de que lo que estamos moldeando es nuestro propio yo, moldeándolo con el agua de los sentimientos y el fuego del espíritu.

ALFOMBRA

Caminar en sueños por una alfombra es indicativo de que se aproxima un periodo de bienestar y momentos agradables.

ALMACENES

Los grandes almacenes han llegado a ser una versión reducida del mundo. Hay de todo. Si nos vemos comprando en ellos, el mensaje es: Escoge bien las cosas con las que tener experiencias en la vida, no escojas cosas superfluas, que te harán perder el tiempo y no te aportarán nada.

ALTAR

Soñar con un altar puede ser indicativo de un matrimonio a la vista, ya sea de nosotros o de alguien de nuestro entorno, pues el altar, la mayoría de las veces, se utiliza para la unión entre un hombre y una mujer.

ALUMBRAMIENTO

Soñar con un alumbramiento, significa que algo que tenemos dentro va a salir fuera de nosotros. Se trata de un proyecto o una idea que ha ido tomando forma en nuestro interior y ha llegado a su fase final.

AMAMANTAR

Amamantar a un niño es señal de que estamos alimentando al Yo espiritual. Es un buen presagio, pues indica que estamos haciendo lo que realmente debemos hacer y, por tanto, nos irá bien si seguimos así.

AMANECER

Si el amanecer es soleado y hermoso, significa que un periodo de penurias y dificultades ha llegado a su fin, y ahora se inicia una etapa nueva en la que seremos más felices.

Si el amanecer aparece cubierto de nubes, de lluvia o frío, entonces, en el nuevo periodo que empieza tendremos alguna que otra dificultad, la cual deberemos afrontar de la manera más positiva posible.

AMAPOLA

Soñar con amapolas anuncia una nueva relación amorosa y una etapa de entrega a los sentimientos. Por algo es la flor que anuncia la Primavera; y en Primavera ya se sabe...

AMBULANCIA

Soñar con una ambulancia, significa que atravesamos un periodo en el que corremos peligro, pero no físico sino moral o psicológico. El mensaje del sueño es el siguiente: Necesitas ayuda moral o psicológica urgente.

AMENAZA

Soñar que alguien nos amenaza, significa que algo de lo que estamos haciendo no le gusta a alguien. También puede ser que la manera de conducirnos no es la adecuada y debemos cambiar nuestra actitud. Para la correcta interpretación, hay que analizar la circunstancia que rodea el sueño.

AMIGO / A

La amistad representa, en el sueño, algún rasgo de nuestra personalidad. Lo que dice o hace este amigo que se aparece en sueños es importante, pues puede significar nuestras propias reacciones ante determinadas circunstancias.

AMO

Soñar con una amo severo indica que hemos de revisar nuestra forma de actuar con nuestros subordinados o con nosotros mismos. Tal vez estamos siendo demasiado autoritarios.

AMOR

Soñar que estamos con la persona amada en algún lugar, es una representación simbólica de nuestros propios deseos. Se trata de los deseos que uno no puede vivir en la vida real, y se realizan en el "mundo del deseo", que es dónde las almas van mientras duermen.

Si soñamos con amor de contenido erótico, se puede interpretar de dos maneras diferentes:

1ª) Si el que tiene el sueño es un hombre, entonces el mensaje es que está proyectando sus energías creadoras con vistas a obtener un mayor fruto material. Si hace el amor de una forma perversa, significa que quiere conseguir esos bienes materiales de forma inmoral, ilícita, sin ninguna espiritualidad.

2ª) Si el sueño lo tiene una mujer, significa que tiene deseos de ser fecundada (en sentido intelectual) por lo espiritual. Indica un deseo de encontrar un camino espiritual adecuado. Si hay perversión en el sueño, el mensaje es: Buscas la verdad por caminos inadecuados, debes desterrar la idea errónea que tienes de la verdad.

AMPUTACIÓN

Cada miembro de nuestro cuerpo tiene un significado la pierna derecha simboliza la reacción de los instintos; la pierna izquierda, los malos instintos; el brazo derecho la capacidad de reacción inteligente y positiva; el brazo izquierdo, la bondad y la inteligencia. Los dedos significan lo siguiente; El meñique, la inteligencia práctica; el anular, la espiritualidad; el mayor, el destino; el índice, las realizaciones, la actividad creadora; el pulgar, el amor, los afectos.

Soñar que nos amputan un brazo, una pierna o un dedo, significa que nos veremos mermados o disminuidos de la cualidad que le corresponde.

ANCLA

Soñar que echamos el ancla indica que hemos de parar un poco, de hacer un alto en el camino en el terreno de las emociones, pues el mar simboliza el mundo emocional, y el navío somos nosotros mismos, nuestro Yo. Si en estado de vigilia tenemos un mundo emocional agitado, entonces el sueño nos trae un aviso de nuestra alma para que pongamos en orden nuestros sentimientos, para que busquemos la estabilidad.

ANDAR

Si soñamos que andamos y andamos sin parar y no llegamos a ningún sitio, indica que nuestros proyectos actuales no nos van a aportar los frutos deseados. El mensaje es: "Cambia de estrategia, busca la forma de parar".

Hay que fijarse bien en las circunstancias que rodean al sueño porque en ellas está la solución.

ÁNGEL

Si soñamos con un ángel o algún ser superior, significa que nuestra conciencia está despertando y, a partir de ahora, se nos abrirán las puertas a un nuevo mundo, un mundo más espiritual y con menos problemas.

Si el sueño es muy real y el ángel nos da un mensaje, hay que tenerlo en cuenta, tal vez sea la solución de algo que no sabemos resolver en el presente.

ÁNGELUS

Si en sueños oímos el ángelus nos sugiere que no debemos preocuparnos, pues tendremos paz y consuelo. El mensaje es: " Tranquilo, tus problemas se solucionarán".

ANGUSTIA

La angustia suele ser originada por diversas causas. Si el origen de la angustia es el fuego, nos indica que el exceso de pasión, la toma de decisiones impulsivas puede llevar a una situación angustiosa. Si es el aire, habrá un problema con las ideas. Si se trata del agua, el problema será emocional

La circunstancia del sueño, aquello que origina la angustia será lo que hay que dejar de hacer para no llegar a una situación angustiosa.

ANILLO

Soñar con un anillo es símbolo de una alianza, una unión, un noviazgo, una boda, un compromiso. ¿Con qué o con quién nos hemos comprometido?, ¿qué alianzas o uniones nos traemos entre manos? El sueño hay que interpretarlo en función de lo que ocurra en él. Si alguien nos regala un anillo de oro que, con el tiempo, se pone feo, significa que esa unión o sociedad empezará bien, pero con el tiempo, se deteriorará.

También el anillo es símbolo de poder. De hecho, en el noviazgo, un cónyuge se supedita al otro mediante el símbolo de la alianza. En este sentido, si alguien nos entrega un anillo en el que hay un logotipo o un nombre de una empresa, significa que esa persona nos ascenderá o nos dará más poder dentro de la empresa. Si lo que nos entrega es su propio anillo, indica que pasaremos a ocupar su puesto. Soñar que se rompe el anillo indica rupturas o desuniones.

ANIMALES

Los animales son el símbolo de las cualidades o instintos que representan. Soñar con un perro, significa fidelidad; con una paloma, paz, armonía; con una serpiente, engaño; con un león, nobleza; con un pájaro, armonía mental; etc. Si, por ejemplo, en sueños, nos vemos luchando con un animal que nos vence, significa que los bajos instintos que posee ese animal están en nuestra naturaleza y nos están dominando. Es un toque de atención para que no nos dejemos dominar por ellos.

ANTORCHA

Si la llevamos encendida y nos siguen los demás, significa que hemos sido elegidos para alumbrar el camino de otros que saben menos que nosotros. Enseñar, dar luz en el camino a los que nos siguen: ese es el mensaje del sueño.

ANZUELO

Si soñamos con un anzuelo es símbolo de traición en el terreno sentimental, ya sea un amor o cualquier otra persona vinculada emocionalmente a nosotros.

APARCAR

Si soñamos que aparcamos el coche en zona prohibida o propiedad particular, el sueño nos avisa de que estamos entrando ilegalmente en propiedad ajena. Hay que tener en cuenta que el coche nos representa a nosotros. Quizá no entramos de forma real en ese recinto ajeno, pero sí psicológicamente.

APETITO

Si en sueños tenemos apetito es señal de que hay deseos o experiencias que quisiéramos satisfacer y no podemos. Si, al sentir apetito, comemos alguna cosa y nos saciamos, significa que aquello que deseamos hacer lo podremos hacer si seguimos el consejo del sueño; es decir, si interpretamos bien la forma en que saciamos en el sueño nuestra hambre.

APLAUSOS (Ver aclamaciones)

APOSTAR

Si apostamos en sueños nos sugiere que hemos de tener cuidado en dónde gastamos nuestro dinero, pues tenemos tendencia a malgastarlo.

ARAÑA

Soñar con una araña que está tejiendo su tela nos avisa de que alguien nos está tendiendo una trampa.

ARAÑAR

Si nos arañan en sueños, es que nos tratan de perjudicar. Si somos nosotros los que arañamos, el sueño nos avisa que tengamos cuidado, pues alguien de nuestro entorno puede verse perjudicado por nuestra forma de actuar.

ARAR

Si la tierra que se está arando es fértil, significa buena cosecha que vendrá después del trabajo que estamos realizando. Si, por el contrario, la tierra es árida, es presagio de poca o ninguna utilidad.

ÁRBOL

Si el árbol es robusto y frondoso, significa protección material; si está seco o raquítico es señal de aflicción o infortunio.

ARCO IRIS

Si soñamos con una arco iris, significa que se acaban los problemas y las calamidades.

Dios puso el arco iris en el cielo para que recordásemos que la Tierra no sería nunca más destruida por las aguas. En el sueño, se trata de nuestra tierra personal, el entorno que abarca nuestra existencia física. Desde este punto de vista, el mensaje del sueño es el siguiente: "En tu vida personal y social escampa, pasa la tormenta".

ARENA

Si es arena de playa y paseamos por ella, indica un periodo de descanso y vacaciones. Pero si por donde caminamos es por la arena del desierto, entonces significa que se aproximan tiempos duros y difíciles.

ARMADURA

Quien lleva la armadura en el sueño se protege de algo. Si somos nosotros, hay que preguntarse de qué o de quién nos estamos protegiendo.

ARMARIO

El armario sirve para guardar la ropa, las cosas íntimas. Soñar con un armario nos indica qué es lo que llevamos encima. Si hay desorden, nos avisa de que debemos ordenar nuestra mente, nuestros conocimientos; si no hay nada en él, el mensaje que nos trae es que debemos estudiar, adquirir conocimientos; si está ordenado, lo tenemos todo muy estructurado; si está demasiado lleno y tenemos dificultad para encontrar lo que buscamos, significa que hemos de desprendernos de algunas ideas o patrones mentales que ya no nos sirven y nos bloquean.

ARMAS

Las armas blancas indican separación y daños psicológicos. Las armas de fuego nos hablan de dificultades y litigios. Si no llegamos a disparar es señal de que el litigio no tendrá consecuencias o daños graves. Si disparamos infligiremos a alguien un daño moral.

ARREPENTIMIENTO

Arrepentirnos en el sueño es un aviso de que estamos a punto de hacer algo en la vida de vigilia que después nos va a pesar. El mensaje del sueño es: "Medita muy bien lo que vas a hacer, no sea que después tengas que arrepentirte".

ARROYO

Soñar con un arroyo nos informa del curso de nuestras emociones. Si sus aguas son claras y fluyen de forma normal, significa que atravesamos un periodo de alegría de vivir y salud emocional. Si, por el contrario, son turbias o están estancadas, el significado es que nuestra vida emocional es turbia, nuestros sentimientos no son sinceros y honestos o tal vez no tenemos clara nuestra relación sentimental.

ARROZ

Soñar con arroz augura alivio de las penas. También simboliza la adquisición de una cosecha de bienes obtenidos tras una ardua labor.

ARRUGAS

Las arrugas en los sueños nos hablan de nuestro miedo a envejecer o a dejar de gustar a los demás. También puede ser un mensaje para que cuidemos un poco más nuestro cutis y nuestra forma exterior.

ARTISTA

Soñar con artistas nos indica que hemos de ser más creativos. El mensaje del sueño se puede interpretar como: Cultiva un poco el arte en tu vida.

ASCENSIÓN

Ascender en sueños es significativo de que las cosas han de ir mejor, pero hay que atender a las circunstancias del sueño, pues, ellas nos informarán de qué forma se produce esta ascensión: si es natural, difícil, con oposición, traumática, etc.

ASCENSOR

Si subimos por un ascensor en sueños, se trata de un ascenso, pero quizá ese ascenso no viene dado por nuestro propio esfuerzo, sino por un favor, un enchufe. Señala una ayuda, un empuje de alguien que nos ayudará a encumbrarnos.

ASCO

Si algo nos produce asco, es señal de que estamos obrando mal y es un aviso para abandonar ese camino cuanto antes.

ASEAR

Soñar que nos aseamos, significa que hay algo sucio en nuestra personalidad moral que es preciso que limpiemos de nosotros.

ASESINAR

Los sueños de violencia física suelen indicar violencia moral. En este tipo de sueños son nuestras propias tendencias las que se asesinan. Tanto si asesinamos nosotros como si nos asesinan, significa que queremos eliminar de nuestras vidas algo que no nos gusta. Puede tratarse de una determinada forma de ser con la que no estamos de acuerdo o un sentimiento de culpabilidad.

ASIENTO

Si nos sentamos en el sueño, el mensaje nos aconseja que debemos relajarnos y ser un poco menos activos. También puede indicar nuestra situación actual. En este caso hemos de recordar si el asiento es confortable o duro e incomodo.

ASFIXIADO

El aire, en el mundo simbólico, tiene relación con las ideas, los pensamientos. Soñar que nos asfixiamos indica que nos faltan las ideas. Para dejar entrar las ideas nuevas es preciso desprendernos de las viejas. El mensaje del sueños viene a ser el siguiente: "Tus ideas son viejas y ya no dan más de sí; despréndete de ellas y da paso a las nuevas. De lo contrario no te dejarán vivir".

ASNO

El asno simboliza la parte animal instintiva que hemos dominado de nosotros mismos. Si en sueños vamos montados en un asno, es señal de que hemos dominado nuestros instintos con nuestro Yo superior. Cristo, el representante de nuestro Yo superior, ilustró este símbolo cuando entró en Jerusalén montado sobre una asno.

ASILO

Si soñamos con un asilo es que necesitamos ayuda, que ya no podemos seguir por nosotros mismos.

ASTROS

Los astros simbolizan el destino. Si soñamos con ellos, significa que nuestra voluntad se somete al destino. Si son hermosos y brillantes, así será nuestro destino inmediato. En cambio, si son apagados, tendremos un destino inmediato apagado. Quizá el sueño nos advierta de que no estamos manejando nuestra voluntad para cambiarlo, y nos sometemos gustosamente a las leyes del destino.

ASTRÓLOGO

El astrólogo en sueños nos informa que pasamos por una etapa de duda, de incertidumbre. El mensaje del sueño es el siguiente: "Mira en tu carta astral, consulta a un astrólogo y se disolverán tus dudas".

ASTRONAUTA

Un astronauta es el que viaja y explora otros mundos del espacio exterior. Si soñamos con él, es una invitación a que salgamos de lo conocido, de lo cotidiano para adentrarnos en otro tipo de experiencias más espirituales, más elevadas.

ATADURA

Estar atado en sueños traduce la sensación de impotencia que nos produce el estar sujeto a algo o a alguien en la vida de vigilia. "Vives atado a algo o a alguien y tienes que liberarte": ese es el mensaje del sueño

ATAJO

Soñar que tomamos un atajo, significa que queremos llegar pronto a algún sitio y no nos importa el peligro, pues en los atajos los caminos no son transitados por la mayoría y siempre hay espinos y toda clase de peligros. El atajo es el camino del líder, de aquel que quiere llegar antes a su meta espiritual.

ATASCO

Si soñamos con un atasco de tráfico y nos vemos nosotros en él, significa que hemos tomado un camino o una decisión que nos bloqueará. Es un aviso para que rectifiquemos. Si lo que se atasca es una tubería, indica que no hemos digerido bien una emoción, y está bloqueando nuestra vida sentimental.

ATAÚD

Soñar con él, significa que algo toca a su fin. El sueño nos anuncia que nos liberaremos de algo o de alguien; nos informa del final de una dependencia moral o física que está limitando nuestra libertad.

ATENTADO

Significa que existe un peligro. El sueño es un aviso para que tengamos cuidado con lo que hacemos y decimos, ya que esta forma de actuar está despertando antagonismos y creando enemigos.

ATERRIZAR

Los aviones se relacionan con el mundo de las ideas. Aterrizar en sueños significa que nuestras ideas deben tomar tierra; o lo que es lo mismo aplicar nuestras ideas a la realidad práctica.

ATROPELLO

Si atropellamos a alguien significa que podemos cometer una injusticia contra alguien. Si somos nosotros los atropellados, debemos tener cuidado, pues alguien puede cometer una injusticia con nosotros. Se trata de evitar esta situación y ponernos a salvo, tanto si atropellamos nosotros como si somos los atropellados.

AULA (Ver Clase)

AUTOBÚS

El autobús es un medio de transporte colectivo, al igual que el metro, el tren, etc. Si soñamos que vamos en un autobús, significa que no somos realmente libres, que nuestra voluntad está condicionada por las personas que viajan con nosotros y, especialmente, por el conductor del autobús. Deberemos aceptar las reglas de juego comunes: paradas, calles que no aportarán nada a nuestras metas; pero el sueño nos enseña que no estamos solos en este gran viaje de la vida y que debemos relacionarnos con los demás aunque no los conozcamos.

AUTOMÓVIL

El automóvil en sueños nos representa a nosotros mismos. Sus diferentes partes tienen su correspondencia con una parte de nosotros. Por ejemplo, el vehículo en sí simboliza nuestro yo físico, y nosotros, es decir, el que conduce, es nuestro Yo superior. La gasolina es la energía de que disponemos; la carrocería, nuestro aspecto externo; el volante, nuestras decisiones, nuestra capacidad de conducirnos en la vida; el motor, nuestra voluntad; los frenos, nuestro autocontrol; la electricidad, nuestra capacidad mental; los faros nuestra capacidad de entender, de ver e interpretar nuestro entorno.

Sabiendo esto, lo que ocurra en sueños con el automóvil no será muy difícil de interpretar. Si compramos un coche nuevo, significa que hemos cambiado nuestra personalidad y esto nos va a permitir ir por la vida con un poco más de comodidad. Si conducimos el coche marcha atrás es un indicio de que no hemos aprendido del pasado y necesitamos retroceder para entender algunas cosas, Aunque también puede indicar este sueño que añoramos el pasado y esto nos impide ir hacia delante.

De cualquier forma, conducir nuestro propio vehículo en sueños es un signo de madurez espiritual, de independencia, de libertad, el que conduce nuestra propia vida es nuestro Yo superior.

AUTOPSIA

Aparentemente soñar que se realiza una autopsia es un sueño macabro, y uno puede pensar que es un mal augurio, pero, en realidad, nos anuncia la capacidad que tenemos de analizar todo lo que ocurre a nuestro alrededor y de descubrir las causas de las cosas. Esto nos permitirá rectificar los errores que sólo traen sufrimiento y penuria, lo que, a su vez, se traducirá en un futuro más feliz.

AUTORIDAD

Si soñamos con policías o agentes de la autoridad, es un aviso de que vivimos en peligro o fuera de la ley divina.

Generalmente se trata de un conflicto interno en el que intervienen los instintos y la moral. Nuestros instintos se revelan contra nuestro autoridad (nuestra moral). O nuestra moral reprime violentamente a nuestros instintos, según que en el sueño nos rebelemos violentamente contra la autoridad o la autoridad nos reprima violentamente. Debemos analizar el sueño y procurar llegar a un equilibrio interno entre las dos partes.

AVE

Las aves representan las ideas, los pensamientos. Soñar con aves volando nos informa del lado al que se inclina nuestra mentalidad. Si vuelan hacia arriba indica que tenemos unas ideas elevadas y creativas. Si vuelan hacia la izquierda, nuestra mentalidad está anclada en el pasado; si vuelan hacia la derecha, mentalidad abierta al porvenir; si vuelan hacia abajo, ideas prácticas, aunque también a veces indica ideas un poco negativas.

AVIÓN

El aire en el significado onírico simboliza el mundo mental, y todo lo que vuela por él tiene relación con nuestras ideas. El avión es el símbolo de una idea compleja que ha sido trabajada y estructurada. Soñar con un avión tiene relación con una idea compleja o proyecto que tenemos en marcha. La circunstancia del sueño nos dará la clave de la interpretación. Por ejemplo, si el avión se estrella, quiere decir que esa idea (o ese proyecto de varias ideas) no se materializará. En cambio, si el avión vuela y aterriza correctamente, es señal de que el proyecto se realizará correctamente.

AVISPA

Si nos pican en sueños es señal de que alguien intenta hacernos daño. El mensaje del sueño es el siguiente: "¡Cuidado!, alguien que te causará un daño pequeño te pude producir un gran dolor". Aparentemente el picotazo no es nada, pero el dolor que produce el veneno causa mucho dolor.

AYUNAR

Si soñamos que ayunamos indica que estamos abusando de algo, que estamos consumiendo en exceso. El sueño es una invitación para que ayunemos de ello, para que dejemos de consumirlo. Puede tratarse de comida o de cualquier otra cosa: ayuno intelectual, ayuno emocional, ayuno sexual, etc.

AZÚCAR

Soñar que consumimos azúcar o cualquier dulce significa que pasaremos por una experiencia placentera y dulce, pero que durará poco.

BABEL

La torre de Babel es el símbolo de la confusión, pues allí Dios confundió a los hombres por su obsesión materialista. Si soñamos con ella, significa que nuestro materialismo ha llegado al colmo y estamos confundidos acerca de nuestra misión espiritual. El sueño es una invitación a que iniciemos el camino espiritual que ha sido trazado por nuestra alma y abandonemos nuestro pensamiento materialista.

BAILE

Bailar es adaptarse a un ritmo. Soñar que bailamos, traduce la necesidad de adaptarnos al ritmo de la vida sin intentar destacar. Es un mensaje para que vivamos al ritmo que nos marca el entorno en el que nos ha tocado vivir.

BAJAR

Si bajamos en sueños, significa que iremos a menos. El mensaje onírico es: "Rectifica y cambia tus planes o tu manera de hacer las cosas para no verte disminuido".

BALANZA

El signo de Libra está representado por la balanza, y se caracteriza por mantener el equilibrio, la ecuanimidad. Si soñamos con una balanza, el mensaje va en ese sentido, nos aconseja que seamos equilibrados, ecuánimes en nuestros juicios.

BALCÓN

El balcón tiene que ver con nuestra forma de ver el mundo. Si nos asomamos al balcón de nuestra casa y vemos un ambiente de fiesta y alegría, significa que hemos de ver la vida con menos seriedad y un poco más de alegría.

BALLENA

El vientre de la ballena simboliza el vientre materno. De ahí que la ballena esté relacionado con el arquetipo materno que indica necesidad de protección, de refugiarse en la madre, en el pasado, en lo conocido... Nos informa de que tenemos miedo de algo. Este miedo no es infundado, se debe a que el soñador, en su estado de vigilia, está pisando sobre un terreno poco seguro.

BALNEARIO

Soñar con un balneario significa que tenemos que mejorar nuestra forma de mostrarnos a los demás. Si lo hacemos, mejorará nuestra salud en general.

BANCARROTA

El sueño es un aviso para que hagamos nuestros negocios de acuerdo a una ética y una moral. De lo contrario, podemos sufrir pérdidas importantes.

BANCO

El Banco en el sueño es el lugar donde se guarda nuestra energía creadora, así como en la vida de vigilia se guarda nuestro dinero. Si soñamos que disponemos de efectivo en el Banco para sacar una buena cantidad de dinero, el mensaje es: "Dispones de energía suficiente para realizar tus proyectos". En cambio, si no tenemos dinero es indicio de que no tendremos energía ni apoyo suficiente.

Si lo que soñamos es que robamos un Banco, el significado es: Te estás aprovechando de la energía de los demás para llevar a cabo tus planes.

BANCO: ASIENTO (Ver asiento).

BANDERA

Es símbolo de poder. Significa que aquello que se desea y por lo que se lucha será defendido por nuestra voluntad y terminará imponiéndose.

BANDIDO

El bandido actúa fuera de la civilización, en el campo o en el bosque, cuyo símbolo onírico es el inconsciente, aunque es cada vez menos frecuente, sobre todo en era moderna. Pero a veces en los sueños aparece y nos da un susto. Por ejemplo, podemos soñar con una banda de cuatreros que nos asaltan o que somos sorprendidos por una emboscada de indios... Como esta serie de bandidos actúa en el campo o en el bosque, que representa al inconsciente, y nuestra conciencia está relacionada con los lugares civilizados, el sueño hay que interpretarlo en el sentido de que, aunque en nuestra conciencia hay orden y está todo bajo control, sin embargo, en el inconsciente hay un bandido que amenaza este orden. Si este bandido, esta fuerza, llega a nuestra conciencia, nos situará al margen de la ley y peligrará nuestra moral. Sabremos si está cerca de nuestra conciencia por la simpatía o antipatía que sintamos por el bandido. Si tenemos simpatía, entonces hemos de tomar medidas, pues significa que esa tendencia nos gusta y que estamos muy cerca de hacerla consciente.

BANQUETE

Comer en sueños se refiere a adquirir conocimientos o experiencias espirituales. Si comemos solos, se trata de que estamos recibiendo nuevos conocimientos espirituales. Si compartimos la comida en un banquete, entonces el sueño nos aconseja compartir nuestros conocimientos espirituales con los demás.

BAÑO

Cuando en sueños nos sumergimos en aguas limpias, significa que en nosotros hay un deseo de purificarnos. Tal vez en nuestra vida cotidiana hay algo desagradable que deseamos quitarnos. Si el baño ocurre en aguas sucias, el significado es distinto. Nos informa que, para mejorar, hemos elegido un camino equivocado.

Algunos culturas también traducen los sueños con agua por salud, prosperidad, y dinero. (Para baño = servicio ver retrete)

BARAJA

La baraja viene del Tarot, y éste representa en sueños con el destino. Si soñamos que estamos barajando o estamos jugando a las cartas, el significado es que estamos bajo el mando del destino y debemos respetar sus designios.

BARBA

El mentón simboliza la voluntad, y la barba, al taparlo, esconde el deseo de practicar lo contrario; es decir, se tapa el mentón (la voluntad) para dar poder a la virtud de la imaginación. Soñar con gente barbuda o dejarnos nosotros la barba en sueños, indica que debemos recurrir a la imaginación. Tal vez este sueño nos sugiera que trabajamos en exceso con la voluntad y hemos de echar mano de un poco de imaginación para solucionar las cosas.

BARCO

El barco simboliza el viaje del alma a través de la vida. Es un poco como el automóvil, donde el que conduce es nuestro Yo superior y el barco nuestro yo inferior. Si es otro el que conduce nuestro barco, quiere decir que en la vida de vigilia dejamos manipular nuestra voluntad por otros. Si es un barco colectivo el sueño nos informa de que debemos relacionarnos y hacer causa común con los demás.

BARRANCO

Soñar con barrancos nos informa de que acechan peligros y trampas. Debemos tener cuidado. Si los vemos y los evitamos, el sueño nos indica que hay una forma de sortearlos en la vida real sin mucho esfuerzo, pero si caemos en ellos, el esfuerzo que hay que realizar es mayor.

BARRERA

La barrera en sueños representa un obstáculo interno que no nos permite llegar a donde nos proponemos.

BARRO

Si caemos en el fango o nos ensuciamos con barro, el mensaje del sueño es el siguiente: ¡Cuidado!, estás dejando que tus bajas pasiones y tu inmoralidad gobiernen tu vida, y esto te puede traer consecuencias negativas.

BÁSCULA (Ver balanza).

BASTÓN

Soñar con un bastón, significa que necesitamos un apoyo para mantenernos en píe. El sueño es una invitación a buscar en la vida real qué o quién representa ese bastón sin el cual no podemos andar. Cuando lo hayamos encontrado, debemos ser capaces de movernos sin ello, de procurar, en ese asunto, andar sin su apoyo.

BASURA

La basura en sueños suele estar relacionada con el dinero. Por lo tanto, soñar con basura, suele ser una promesa de obtenerlo.

Otro símbolo más coherente suele relacionar a la basura con las ideas, sentimientos, proyectos u opiniones inservibles, inútiles; es decir, aquello que ya no nos puede aportar ninguna experiencia. En este sentido, soñar que tiramos la basura, significa que hemos de desprendernos de todas aquellas cosas que ya no nos sirven para nuestro experiencia vital.

BATALLA (Ver guerra)

BAÚL

Si soñamos con un baúl, nos sugiere que nos deshagamos de todo aquello que no nos sirve para andar por la vida, pues en el baúl se suele guardar precisamente eso, los recuerdos, la ropa pasada de moda y que no vamos a usar en una larga temporada, etc. (Ver también armario).

BAUTISMO

Ver un bautismo en sueños indica que un sentimiento puro está naciendo. Este nacimiento puede traducirse por un nuevo amor. También puede significar, si somos nosotros los bautizados, una necesidad de purificar nuestros sentimientos, de hacerlos más espirituales para comprometernos con una causa importante.

BEBER

Si lo que bebemos es agua, significa que nuestros sentimientos están secos y necesitan agua. Esto se traduce psicológicamente por una necesidad de amor, de que nos quieran, de que nos den cariño, pues el agua, en el terreno simbólico está relacionado con los sentimientos.

Si lo que bebemos es vino o cualquier otra bebida alcohólica, el sueño nos habla de una mejora en nuestra vida que nos hará felices; pero esta felicidad durará poco, será pasajera, el tiempo que se mantiene el efecto de la euforia que produce la bebida.

BENDICIÓN

Si alguien nos bendice en sueños, se trata del apoyo de nuestro Yo superior para que llevemos a cabo alguna acción.

BESO

Si nos besan en sueños hay que analizar bien las circunstancias que rodean al sueño ¿Por qué nos besan? Puede tratarse de un beso de amor o de un "beso de Judas".

Si besamos nosotros a una persona del sexo opuesto presagia que anida en nosotros algún tipo de infidelidad, por lo que el sueño nos avisa para que no dejemos crecer esta tendencia. Si besamos a nuestra pareja, entonces es augurio de buena fortuna.

BIBLIOTECA

Soñar con que visitamos una biblioteca nos sugiere que hay en nosotros un deseo de instruirnos. La biblioteca simboliza el conocimiento; por tanto, el sueño nos aconseja de que si adquirimos conocimientos en la vida real, nos irá mucho mejor.

BICICLETA

La bicicleta es un modesto medio de locomoción que obliga a no utilizar un motor, sino la propia fuerza del que la conduce. Soñar que conducimos una bicicleta, significa que en la etapa que se avecina contaremos solamente con nuestros propios medios, que no serán como en el caso del automóvil, sino que tendremos que ir más lentamente. El mensaje del sueño nos dice : Cuentas solamente con tus recursos, que son pocos. Adáptate a ellos.

BIENVENIDA

Si se la damos a alguien, la recibimos nosotros; indica que hemos de estar abiertos a recibir y a dar ideas nuevas, y a que se relacionen con nosotros y a relacionarnos nosotros con los demás, respectivamente.

BIFURCACIÓN

Si en el sueño nos obligan a elegir entre dos caminos, indica la indecisión en la vida real. Al elegir, siempre hemos de tener en cuenta cual de los dos es más cómodo y más bello y, seguramente algo en ellos indicará de qué se trata en la vida real. Puede ser un trabajo, un amor o cualquier otra decisión importante en la vida.

BIGOTE

Si soñamos con personas que tienen bigote y en la vida real no lo tienen, es seguro que nos están engañando. El sueño nos indica que estas personas no son sinceras y con ellas hay que tener la debida precaución.

BILLETE

Si nos dan un billete para hacer un viaje o ver un espectáculo, recibiremos buenas noticias de algo que nos tenía tristes.

BISTURÍ

El bisturí, aunque es un objeto cortante, sirve para cortar lo que está mal. Por eso si aparece en nuestros sueños, nos avisa de que hay una situación en nuestra vida que necesita ser extirpada; de lo contrario, acabará contaminándolo todo. Hay que reflexionar sobre nuestra vida y relaciones para ver qué es lo que debemos cortar.

BLANCO

El blanco es el color de la pureza. Si soñamos con personas vestidas de blanco, significa que sus intenciones hacia nosotros son puras.

BLANQUEAR

Si estamos blanqueando algo sucio con pintura o algún producto químico, significa que queremos aparentar pureza ante alguien, que somos buenos e inocentes, cuando en realidad no lo somos tanto.

BLASFEMAR

Proferir insultos y blasfemar contra la divinidad revela una rebeldía contra las leyes naturales, contra nuestro propio Yo y nuestra misión en esta vida, aunque en la vida cotidiana luchemos por no darlo a entender.

BOCA

La boca está relacionada con la comunicación y con el estado del corazón. Si soñamos con una boca enferma, debemos vigilar el estado de nuestro corazón, tanto en el terreno físico como en el psicológico, pues una boca enferma revela un corazón negativo y de malos deseos.

BODA

Puede tratarse de hacer realidad un deseo o, más probablemente, de la unión de tendencias o aspectos de nuestra personalidad contrarios dentro de nuestro mismo ser. La unión mística se refiere a la unión de la cabeza y el corazón: pensar con el corazón y amar con la cabeza. Si la boda del sueño tiene que ver con esta unión, no cabe la menor duda de que hemos avanzado espiritualmente uniendo tendencias contrarias y, ahora, estamos preparados para la gran unión.

BOFETADA

Recibir una bofetada en sueños nos informa de que estamos pasando por duros momentos, el karma nos está pasando factura. Si la damos nosotros, el mensaje es que estamos siendo vengativos con alguien.

BOHARDILLA

La bohardilla representa las zonas oscuras y descuidadas del cerebro. Así como en la bohardilla, en la vida real, se guardan los trastos y el polvo los cubre, de esta forma ocurre en esa parte del cerebro que no habitamos. Si soñamos con una bohardilla con trastos llenos de polvo, es una invitación a conocer esa parte de nuestro cerebro, limpiarle el polvo y utilizarla. El sueño nos avisa de que tenemos una parte en nuestro cerebro a la cual no llega la luz de nuestra conciencia; nos indica que podemos sacarle más partido si la utilizamos, si desarrollamos todo ese potencial,

BOLSO

El bolso revela la personalidad de su dueña. Si perdemos un bolso, significa que una persona desconocida conoce nuestros pequeños secretos; si nos lo roban, alguien nos quita nuestros secretos de forma violenta o quiere usurpar nuestra personalidad; si lo olvidamos, dejamos nuestros secretos al alcance de cualquiera.

BOMBA

Soñar con bombas está relacionado con alguna situación explosiva que hay que afrontar. Es posible que se trate de que necesitamos cambiar nuestra personalidad urgentemente. En este caso, las bombas que vemos en sueños, significa la destrucción de nuestra personalidad actual en beneficio de una personalidad más amplia. Han de morir ciertas tendencias para que otras pueden levantarse.

BOMBERO

Verlo apagando un fuego, significa que nuestras pasiones, nuestro entusiasmo y nuestra fe será apagada por una intervención oficial por salirse de las leyes convencionales.

BOMBÓN

Si nos regalan bombones es que algo viene a endulzar nuestra vida.

BORRACHO (Ver beber).

BOSQUE

Ya dijimos, al hablar de bandido, que el bosque en sueños representa a nuestro inconsciente. Todos los animales que se encuentran en él representan a nuestros instintos y pasiones ocultas.

Si soñamos con un bosque, significa que estamos dando un paseo por nuestro inconsciente, por aquello que no aparece normalmente en nuestra conciencia. El sueño podría ser una invitación a conocernos más a nosotros mismos y enfrentarnos con nuestros propios miedos y tendencias desconocidas. Hay que analizar lo que ocurre en el bosque para descubrir el mensaje del sueño.

BOTELLA

El sueño en el que aparece una botella hay que interpretarlo según su contenido. Si, por ejemplo, en la botella hay leche, nos sugiera la necesitad de alimentar a nuestro niño interior; si lo que hay es agua, hay que cuidar y alimentar nuestro mundo sentimental; si hay alcohol, puede indicar una necesidad de evasión. Si la botella está rota indica fracaso o agresión.

BRAZO (Ver amputación).

BRUJA

La bruja representa los hábitos y tendencias perversas que pertenecen a lo más arcaico de nuestra personalidad. Si soñamos con brujas, el mensaje nos advierte de que debemos deshacernos de aquellos hábitos y tendencias de nuestro carácter que hemos heredado de nuestros antepasados y que son malos y perversos, aunque tal vez se nos presenten a la conciencia como algo sagrado.

BUITRES

Los buitres en los sueños representan a las tendencias carroñeras de nuestra personalidad y que pueden tomar cara y cuerpo en nuestros enemigos. Soñar con buitres que nos atacan, indica que hemos de tener cuidado con las personas que nos atacan, pues no tendrán compasión de nosotros. Pero lo que realmente debemos hacer es extirpar todo lo que pueda haber en nuestro carácter referente a esto. Si lo quitamos de nosotros, se borrará de nuestro entorno.

BURRO (Ver asno).

BUSCAR

Buscar algo o a alguien en sueños indica la necesidad de encontrar una solución a algo que nos preocupa. La circunstancia del sueño nos dirá en qué dirección buscar para encontrar la solución a nuestro problema.

CABALLO

El caballo simboliza la fuerza y la energía psíquica y espiritual. Montar en un caballo, significa que poseemos la fuerza y la energía necesaria para alcanzar la victoria en cualquier empresa. Si nos caemos de él, un exceso de arrogancia y autoconfianza nos puede acarrear pérdidas.

CABELLOS

El cabello en sueños simboliza la fuerza y la energía que nos da poder (Recordemos a Sansón y Dalila). Si alguien nos lo corta en sueños, significa que perderemos fuerza y energía frente a esa persona; nos quitará poder. Si soñamos que nos dejamos crecer el cabello, significa que adquiriremos más fuerza y poder sobre los demás. El mito de Sansón tiene relación con el Sol y sus rayos solares, que simbolizan el poder y la energía. De nosotros dependerá que este poder que poseemos lo utilicemos para dar vida y energía a los demás o para dominarlos.

CABEZA

La cabeza en sueños está relacionada con la razón, la inteligencia. Si en sueños vemos cabezas cortadas, significa que no estamos usando la razón ni la inteligencia que poseemos para tratar nuestros asuntos cotidianos. El mensaje es el siguiente: "Utiliza tu cabeza, ejerce el pensamiento o te verás mermado de la facultad de pensar".

CABRA

La frase "estas como una cabra" ilustra el significado del sueño. Si soñamos con la cabra, significa que estamos siendo irracionales, que no razonamos en algún asunto de nuestra vida y actuamos sin pensar, guiados más por la cabezonería y los instintos que por el raciocinio.

CADÁVER

Si soñamos con un cadáver, es señal de que algún suceso de nuestro pasado sigue influyendo en nuestra vida actual: desengaños, fracasos, odios, traumas psicológicos... El mensaje del sueño nos avisa de que llevamos ese cadáver, que murió hace tiempo pero que sigue influyendo en nuestras vidas. Revisar nuestros actos y descubrir si están influidos por los acontecimientos del pasado; y si es así, desprendernos de ellos: ese es el mensaje del sueño.

CADENA

La cadena sugiere encadenamiento a algo o a alguien. Si soñamos que rompemos la cadena significa que nos liberaremos de algo o alguien que nos impedía tener libertad. Soñar que hacemos nosotros la cadena nos indica que lo que hacemos ahora, en el presente, tendrá consecuencias en el futuro.

CAÍDA

La "caída terrenal" simboliza el descenso del hombre al mundo de los sentidos. Caer, por tanto, nos sugiere un descenso desde la altura en que nos encontramos. Como el descenso del hombre supuso un descenso al mundo material en detrimento del espiritual, caer también puede significar obtener bienes materiales, pero a cambio de actuar contra nuestra moral o, dicho de otro modo, de espaldas a nuestra espiritualidad.

CAFÉ

Si soñamos que pedimos una taza de café, indica que, tal vez, necesitamos un estímulo o algo que nos despierte, pues es posible que estemos un poco dormidos y apáticos.

CAJA

Si está llena indica abundancia, mientras que si está vacía augura pobreza y desgracia.

CALENDARIO

El calendario en sueños simboliza el tiempo. Tal vez nos informe de que hay un tiempo para cada cosa. O quizá que nos preocupa en exceso el paso irremediable del tiempo.

CALLE

La calle en los sueños está relacionada con el ambiente de nuestra propia vida. Hay que observar que ocurre en ella y si está sucia o limpia. El sueño es una aviso para que cambiemos lo que no nos gusta y mantengamos lo que queremos en ella.

CALLO

Si nos molesta algún callo en sueños es señal de que algo nos molesta en el alma, pues los pies simbolizan el alma. El sueño es un aviso para que eliminemos aquella piel muerta que nos molesta para adquirir conciencia, para seguir el camino hacia la perfección.

CAMA

La cama es una parcela íntima de nuestra existencia. Si la cama es pequeña indica que hay que poner más cama en nuestra vida; pero si es grande, entonces estamos siendo perezosos y pasamos mucho tiempo durmiendo. Pero si vemos que un desconocido se mete en nuestra cama, significa que estamos dejando nuestra intimidad a disposición de cualquiera y le damos pie a que utilice nuestras cosas íntimas. Si es así, entonces el mensaje es un aviso para no mostrar nuestras intimidades a cualquiera y restringir el acceso a los demás a nuestra vida privada.

CAMINOS

Los caminos nos informan de decisiones que hemos tomado o estamos a punto de tomar. Si se presentan dos o más caminos, deberemos escoger entre dos o más opciones. (Ver también bifurcación).

CAMIÓN

Conducir un camión indica que conducimos nuestra vida de forma segura. La carga representa nuestras responsabilidades actuales. Si el camión se para debido a la carga, es señal de que estamos llevando una carga demasiado pesada, excesiva. El sueño, entonces, nos avisa para que aligeremos responsabilidades o carga.

CAMPANAS

Si oímos campanas llamándonos en sueños es señal de que hemos sido llamados a realizar tareas superiores, pues el sonido de la campana se asocia a la llamada de la Divinidad. Si lo que oímos son campanas tibetanas, el sueño nos invita a conectar con la Divinidad mediante la meditación y el sonido interior.

CÁNCER, CANGREJO

El signo de Cáncer está simbolizado por un cangrejo. Los egipcios veían en esta representación el arquetipo del alma humana. El cangrejo camina hacia atrás y está relacionado con el movimiento retrógrado del alma. Si aparece en nuestros sueños el mensaje es que debemos parar y dar marcha atrás en nuestros sentimientos; pues no olvidemos que Cáncer es un signo de agua, y el agua simboliza los sentimientos.

CANTAR

Si la canción es una melodía armónica, indica buen augurio y felicidad, ya que nos sugiere que nuestro trabajo está unido a la voluntad de nuestro Yo superior. Pero si la canción es inarmónica, entonces estamos desentonando en nuestra misión en esta vida y se nos da un toque para mejorar.

CARA

La cara en sueños expresa el alma ("La cara es el espejo del alma"). Si vemos una cara bella y amable indica un alma bella;

si, por el contrario, vemos una cara fea y contrahecha, significa que hay graves defectos en el alma que debemos extirpar.

CARBÓN

El carbón indica que somos poseedores de un poder energético noble que pronto brillará en nuestro interior.

CÁRCEL

Si en sueños estamos encarcelados es indicio de que nos encontramos presos de los deseos, los instintos. El sueño es una invitación de nuestro Yo superior para liberarnos de aquello que nos aprisiona.

CARNE

Comer carne en sueños es un mal augurio, pues indica que estamos alimentando nuestros bajos instintos.

CARTAS

El cartero simboliza la comunicación, las noticias. Si soñamos con él, es un augurio de que vamos a recibir noticias importantes que transformarán nuestra vida. (Para cartas de Tarot, ver Baraja).

CASA

La casa está relacionada con nuestro ser interior. Sus habitaciones nos hablan de nuestra personalidad. La casa es el símbolo de nuestra propia figura humana. El tejado es la mente, la inteligencia; las ventanas son nuestros ojos; el baño es nuestra parcela íntima... Lo que ocurre en la casa de nuestros sueños será lo que nos suceda a nosotros, y es en ese sentido en el que hay que interpretar estos sueños.

CATÁSTROFE

Los sueños donde ocurren catástrofes nos hablan de crisis profundas que terminarán transformando nuestra personalidad.

CAZA

Los animales representan a nuestros instintos. Si en sueños nos vemos de caza es que nuestro Yo superior ha tomado conciencia de que en nuestro interior hay bestias feroces (instintos peligrosos) y hay que empezar a matarlas (extirparlas) para poder realizar una limpieza interna, una purificación. De lo contrario, esos instintos pueden tomar el control de nuestra voluntad en cualquier momento.

CEGUERA

Si aparecen ciegos en nuestros sueños o vemos disminuida nuestra capacidad de ver, hemos de tener cuidado, pues es un aviso de que estamos "perdiendo el norte" y, viendo, nos conducimos como si no viésemos. "Recupera la cordura y no te comportes como si no vieras": ese es el mensaje del sueño.

CEMENTERIO

Soñar con un cementerio sugiere que estamos viviendo entre los cadáveres del pasado, entre las cosas corruptas que nada nos aportan. El mensaje del sueño es el siguiente: Deja de vivir entre los hábitos, las tendencias, los descalabros, los odios y las ideas del pasado y busca entre el mundo de los vivos, es decir, entre los nuevos hábitos, tendencias, etc.

CENA

Los alimentos que ingerimos en sueños se refieren al alimento espiritual. Hay que observar qué tipo de alimento es el que estamos comiendo, el cual nos hablará del alimento de nuestro Yo superior: si lo alimentamos bien o hemos de darle otro tipo de alimento.

CENIZAS

Soñar con cenizas nos recuerda que todo lo que hace el ser humano puede quedar reducido a cenizas. El sueño quizá es una advertencia para que no seamos demasiado prepotentes o arrogantes con aquello que nos pertenece o poseemos, pues puede quedar en nada.

CENTINELA

Soñar con un centinela que se duerme o que no está atento, significa que, en nuestra vida cotidiana, hemos de permanecer alerta, pues hay algo de lo que no nos estamos enterando.

CERDO

Los cerdos sugieren una vida inmoral, egoísta y desproporcionada. "Eres un cerdo" —decimos cuando alguien nos hace una faena—. ¿Nos estamos comportando como cerdos? Si descubrimos que es así, el sueño nos invita a dejar ese comportamiento.

CERRADURA

Si soñamos que la abrimos, el sueño nos sugiere que tenemos la llave a los problemas o cambios que se nos presentan y sólo tenemos que buscar la solución y aparecerá de forma fácil. En cambio, si lo que hacemos es cerrarla o no podemos abrirla, entonces, el problema se hace complicado y difícil. De cualquier forma, hemos de buscar la llave correcta para poder abrirla, esto es la solución más acertada, quizá pidiendo ayuda a un psicólogo o especialista.

CESTA

Hay que observar el contenido. Si son frutos son aventuras; si son flores, son aventuras amorosas. De cualquier forma, si está llena, significa abundancia, mientras que si está vacía será lo contrario.

CIEGO (Ver ceguera).

CIELO

Si el cielo está despejado y limpio, significa que nuestros mejores anhelos y deseos espirituales son hermosos. En cambio, si hay nubes y está lloviendo, algo nubla nuestra visión espiritual, quizá un exceso de sentimentalismo negativo.

CIÉNAGA

Esas aguas putrefactas son la imagen de nuestros sentimientos. El sueño viene pues a decir al soñador: "Te estás dejando llevar por sentimientos putrefactos y del pasado, abandónalos y todo empezará a irte mejor".

CIERVO

El ciervo está relacionado con elevación, con poder espiritual. Soñar con ciervos, indica que poseemos unos poderes espirituales que ignoramos. Si buscamos en nuestro inconsciente, descubriremos ese poder que nos elevará a alturas que ni imaginamos.

CINE

Si somos nosotros los actores, significa que estamos representado un papel en la vida real y no nos comportamos de manera sincera con nosotros mismos.

CIRCO

Si soñamos con payasos, significa que hay que recuperar el sentido del humor y tomar la vida un poco a risa. Si el sentido del sueño es que hacemos el payaso y los demás se burlan de nosotros, hay que tener cuidado, pues es un aviso de que podemos estar haciendo un poco el "payaso".

CÍRCULO

El círculo simboliza la perfección. Soñar con un círculo, significa que hemos iniciado el camino de la perfección, pero todavía nos queda un largo camino, pues hemos de pulir todas nuestras asperezas e imperfecciones hasta convertirnos en ese círculo, símbolo de la perfección de nuestra alma.

CIRUJANO

Si aparece el cirujano en nuestros sueños, significa que hay algo insano en nosotros que es necesario extirpar, "cortar por lo sano". Depende lo que nos vaya a operar, así será lo que debemos apartar de nuestra vida. Si es en el cerebro se trata de ideas negativas; Si es en el corazón, de malos sentimientos... (Ver también amputación).

CITA

Soñar que tenemos que acudir a una cita sugiere la necesitad de hacer una nueva relación de amistad o sentimental.

CIUDAD

La ciudad representa el espacio en el que desarrollamos nuestra actividad. Todo lo que veamos en ella, de bueno o de malo, nos sugiere lo que hay en nuestro interior. Si vemos una ciudad problemática, será un reflejo de nuestros problemas interiores. El sueño normalmente nos dará la clave para solucionar nuestros problemas.

CLARIDAD

Un sueño claro donde luce el sol augura felicidad y éxito.

CLASE

Si estamos estudiando en una clase , el sueño sugiere la necesidad de aprender las asignaturas de la vida. La interpretación depende del contexto del sueño. Si, por ejemplo, estamos repitiendo asignatura, ello indica que no aprendemos de la experiencia y necesitamos aplicarnos un poco más que los demás para aprender.

Si el sueño se refiere a las clases sociales, puede esconder un complejo de inferioridad o superioridad.

CLAVE (Ver Llave)

CLAVEL

El clavel, aparte de belleza como todas las flores, simboliza el amor y la pasión. Si alguien nos lo entrega, nos está entregando su amor.

COCINA

La cocina está relacionada en el mundo de los sueños, con la alimentación psíquica y espiritual del soñador. Según los alimentos que cocinemos, así será nuestra alimentación espiritual. Si la comida es excesiva, el sueño sugiere que estamos alimentando en exceso al alma y quizá no pueda digerir todo de una forma correcta. Si hay demasiado variedad de alimentos, es posible que estemos consumiendo una espiritualidad demasiado variada como para poder asimilarla correctamente.

COCHE (Ver automóvil)

COCODRILO

El cocodrilo representa el instinto primitivo, devorador y ancestral del ser humano. Si soñamos con él, indica que hemos de permanecer alerta y no dejar que afloren nuestros impulsos más primitivos y monstruosos.

COHETE

Si soñamos con un cohete a punto de despegar, hay que interpretarlo como una necesidad de despegar hacia mundos nuevos y desconocidos. Obviamente no se trata de mundos en sentido literal, sino de mundos y universos simbólicos. El mensaje del sueño podría ser este: "Despega, elévate, sal de lo cotidiano y explora otras formas de vida, otros universos".

COLORES

Cada color tiene su significado. El rojo significa acción, vitalidad; el azul, amor espiritual, misticismo; el verde, sentimientos, emociones, salud; el amarillo, la generosidad; el violeta, la espiritualidad; el rosa, el amor; el blanco, la pureza; el negro, el materialismo...

COMER / COMIDA (Ver banquete).

Comer en sueños indica un hambre espiritual, es decir, una necesidad de adquirir nuevas experiencias. Dependiendo de lo que comamos, así será la necesidad de nuevas experiencias.

COMPRAR

Comprar en sueños sugiere una necesidad de satisfacer nuestros deseos.

COMPUTADORA (Ver Ordenador)

CONEJO (Ver liebre)

CORAZÓN

Si soñamos que padecemos una enfermedad del corazón, es una advertencia para revisar nuestra actitud moral frente a los demás. Si hemos hecho daño a alguien, el sueño nos avisa para que rectifiquemos.

CORDERO

El cordero representa la inocencia humana y el Bien. Cristo fue llamado el "cordero de Dios". Soñar que alimentamos corderos, significa que hemos de dar alimento a la parte noble y buena que hay dentro de nosotros.

CORONA

La corona representa la victoria, la culminación exitosa de una empresa. Si soñamos con coronas, significa que coronaremos una empresa, obtendremos una victoria o que recibiremos los honores por nuestra constante labor.

CORRER

Hay que ver por qué se corre en el sueño. Si corremos porque nos persigue alguien, indica que en la vida real tenemos temores internos que debemos aceptar y afrontar para poder superarlos.

Si corremos porque nos gusta o para mantener la forma, entonces el sueño sugiere la necesidad de hacer algún ejercicio físico, pues tal vez estamos demasiado parados. Si corremos como obligados y no podemos parar, significa que vamos demasiado deprisa y hemos de tomar la vida un poco más relajada.

CREPÚSCULO

En el crepúsculo se pasa de la luz a la oscuridad. Se trata de un cambio, al igual que la vida nocturna y la diurna. Cuando estamos dormidos en realidad vivimos en otro estado de conciencia. Así ocurrirá si soñamos con el crepúsculo: un estado de conciencia da paso a otro. En realidad soñar con un crepúsculo indica que se nos avecina un cambio profundo en el que viviremos de una forma completamente distinta.

CRIMINAL (Ver asesinar)

CRISTAL

El cristal representa a la mente, que es el foco a través del cual se refleja el espíritu, es decir, nuestro Yo superior se refleja en nuestro yo inferior a través del cristal de la mente. Si soñamos con un cristal trasparente, significa que vemos claramente lo que nos enseña nuestro espíritu y, por tanto, estamos en condiciones de hacer el trabajo de nuestro Yo superior correctamente. Si, por el contrario, el cristal está turbio y no podemos ver lo que hay al otro lado, el mensaje nos avisa de que no interpretamos bien el mensaje de nuestro Yo superior.

CRUZ

La cruz es el símbolo que refleja nuestro peregrinaje a través de la materia y nuestro drama humano, nuestro sacrificio. Las energías espirituales que llegan a nosotros en dirección cielo-tierra están representadas por el palo vertical de la cruz; Las energías astrales o emotivas que transitan de derecha a izquierda, por el palo horizontal. La intersección de las energías emotivas con las espirituales dan lugar a la conciencia.

La cruz es un símbolo que se presta a muchas interpretaciones diferentes y depende del contexto del sueño. En términos generales, soñar con una cruz indica que estamos aquí para adquirir conciencia mediante las experiencias humanas , sean positivas o negativas, sea mediante el bienestar o el sacrificio...

CRUZAR

Cruzar en sueños, significa que vamos a acceder a otra situación distinta, pero que existe la posibilidad de un peligro, miedo o incertidumbre. El sueño nos avisa para que tengamos cuidado o precaución en lo que estamos a punto de hacer, pero que no tengamos miedo.

CUCHILLO

Las armas o utensillos cortantes están relacionados en sueños con las ideas violentas o las discusiones sobre distintos puntos de vista. Si agredimos a alguien con un cuchillo en sueños es que estamos siendo violentos con las ideas o las palabras. El sueño nos avisa para seamos más moderados en la defensa de nuestras ideas.

CUERVO

Soñar con cuervos que dejan ciego a alguien es señal de que nos hemos apartado del camino de nuestro Yo superior y, si no rectificamos, es posible que caminemos por la vida de espaldas a nuestra misión divina.

CUEVA

En la cueva generalmente habitan bestias salvajes. La cueva en el lenguaje onírico representa al inconsciente, y los animales son nuestros instintos. Soñar con una cueva donde hay bestias sugiere la necesidad de darnos cuenta de nuestros más salvajes instintos y dominarlos.

CUNA

Soñar con una cuna simboliza vida nueva o comienzos nuevos. En algunos casos puede significar un deseo de regresar a la más tierna infancia, a la protección materna.

CURAR

Si nos curan o curamos a alguien en sueños, indica que hemos de cuidar nuestra salud psíquica, pues si seguimos haciéndonos daño psicológico o moral terminará reflejándose en nuestro cuerpo físico.

DADO

Los dados simbolizan el destino, la suerte. Soñar con ellos es indicio de que, en lo que estamos haciendo o viviendo últimamente, nos debemos dejar llevar por el destino y dejar que la suerte nos guíe.

DAMAS

El juego de las damas, al igual que el ajedrez, son juegos en los que se necesita utilizar el pensamiento y una estrategia para ganar al contrincante. Si soñamos con él, es señal de que en nuestra vida diaria hemos de tomar decisiones que han de pensarse y meditarse mucho y, sólo después de estar seguros de que utilizamos nuestras mejores ideas y estrategias, podremos emprender la acción. Por supuesto ateniéndonos a unas reglas de juego.

DEDO (Ver amputación).

DELANTAL

En sueños, el delantal simboliza lo que nos protege cuando realizamos un trabajo. Si en nuestros sueños vamos provistos de él, significa que hemos de protegernos del trabajo que estamos realizando y poner una barrera entre ese empleo y nuestra alma. No debemos permitir que nos manche el alma, esto es, que contamine nuestra vida interna y social.

DELFÍN

La leyenda otorga a los delfines el papel de salvadores y guías. En los sueños hay que interpretarlo en ese sentido. Si soñamos con delfines, el mensaje es el siguiente: No te preocupes, encontrarás guía y salvación tanto en lo espiritual como en lo material.

DERECHA

La derecha indica el futuro y el camino fácil; la izquierda, el pasado y el camino duro. Todo lo que va hacia la derecha en sueños nos habla del futuro y el camino fácil; en cambio, lo que va hacia la izquierda indica el camino difícil y de duras experiencias. (Ver también Izquierda)

DESCALZO

Los pies simbolizan el alma. Si vamos descalzos en sueños, significa que hemos de ser más humildes. "Muestra tu alma como es, sé un poco más humilde": Ese es el mensaje de este sueño.

DESCONOCIDO

El desconocido en sueños nos habla de alguna tendencia o forma de ser nuestra que desconocemos. Si observamos lo que hace en sueños ese desconocido, tendremos las claves para saber cómo se muestra esta tendencia hacia los demás. Lo importante es conocerla para extirparla de nosotros, si no nos gusta; o darle más protagonismo, si es de nuestro agrado.

DESCUARTIZAMIENTO

Esta pesadilla se da raras veces. Suele tenerla quien en su vida de vigilia se halla dividido entre dos amores o dos familias o más. O también entre aquellos que tienen dos empleos. En definitiva, entre aquellas personas que dividen su alma y tienen un conflicto moral. El mensaje de este sueño es muy simple: Tienes que luchar por ser más íntegro, por reconquistar la unidad y la fidelidad, pues no es posible vivir de esa manera.

DESIERTO

El desierto se caracteriza por la falta de agua. El agua, como hemos dicho, tiene que ver con el mundo sentimental. Si soñamos con un desierto, el mensaje es claro: hay que poner más agua en nuestras vidas, más sentimiento. De lo contrario, terminaremos creando un desierto a nuestro alrededor, es decir, nadie querrá estar con nosotros.

DESMAYO

Este sueño nos avisa de un peligro. Quizá estamos llevando nuestra moralidad a situaciones peligrosas para nuestra salud. El sueño nos avisa de que, si permanecemos sin realizar nuestros deberes morales, corremos el riesgo de perder nuestra buena reputación y de convertirnos en seres inconscientes.

DESNUDARSE

Si nos desnudamos en sueños, estamos expresando el deseo de sincerarnos, de mostrar toda nuestra honestidad sin tapujos. Si las personas que aparecen en nuestros sueños se desnudan quiere decir que podemos fiarnos de ellas, que son sinceros y cumplirán sus promesas.

Si al desnudarnos nos da la sensación de estar incómodos o de estar mostrando demasiadas intimidades, significa que nos estamos abriendo demasiado a los demás y debemos ser un poco más prudentes.

DESPERTAR

Si despertamos en sueños, indica que hemos de tomar conciencia sobre algunas ideas o anécdotas cotidianas en las que, normalmente, no reparamos. También puede indicar que debemos acceder a una nueva conciencia. El mensaje entonces sería "Estas preparado para despertar a un nuevo estado de conciencia más espiritual".

DIABLO

El Diablo en sueños está relacionado con el materialismo y el camino fácil y sensual que viola todas las leyes cósmicas. Si aparece en sueños, significa que estamos a punto de iniciar un camino materialista y contrario a las reglas divinas, que nos conducirá al dolor y la enfermedad. Este sueño nos informa de que si seguimos ese camino, tarde o temprano tendremos que aprender por la vía del dolor y el sufrimiento.

DIENTES

El simbolismo de los dientes en sueños nos habla de la agresividad y de la familia.

Perder los dientes en sueños, significa que perdemos capacidad agresiva de ataque y defensa ante los demás.

En el caso de su relación familiar, perder un diente, significa el alejamiento o la falta de apoyo de un miembro de nuestra familia.

DINERO

En sueños, el dinero representa nuestro potencial. Si lo gastamos sin control, significa que estamos echando a perder unas energías preciosas con las que podríamos desarrollar cosas importantes. A menudo no desarrollamos lo suficiente este potencial. Soñar que tenemos mucho dinero y no sabemos qué hacer con él, significa que tenemos un potencial enorme, pero no lo sabemos desarrollar. En este caso, hemos de averiguar cuál es para poder desarrollarlo.

DIOS

Este sueño se da muy raras veces y puede indicar al soñador que necesita un consejo de lo más elevado y espiritual de su ser o bien que corre el peligro de crearse un complejo de superioridad. En el caso primero, verá a Dios aconsejándole algo o dándole las "tablas de la ley", como a Moisés en el Monte del Sinaí. En el caso segundo, él se verá hablando con Dios y dándole consejos o proponiéndole ideas.

DIVORCIO

Soñar con un divorcio puede reflejar una situación difícil en la relación. Pero también, a nivel simbólico, indica una necesidad de unir nuestra mente a nuestro corazón, nuestras ideas a nuestros sentimientos. En cualquier caso, el mensaje es que debemos hacer un esfuerzo por armonizar nuestro interior, y esto se reflejará en nuestro entorno.

DOMESTICAR

Si soñamos que domesticamos a algún animal, sugiere la necesidad de domesticar nuestros animales interiores, que están relacionados con nuestros instintos. Tenemos que ser capaces de dominar esta fuerza instintiva y utilizarla en nuestro beneficio.

DRAGÓN

El dragón es un símbolo aterrador que representa nuestra propia naturaleza primitiva, que es la que decide en nosotros. En los cuentos, la princesa, representante del alma humana, está en un castillo en el que hay un dragón. Entonces aparece la figura del caballero y la libera. El significado de este cuento es el siguiente Nuestra alma (la princesa) está secuestrada por nuestra naturaleza primitiva (el dragón) que es la que toma decisiones por nosotros. Entonces aparece el caballero (Nuestro Yo Superior) y libera a nuestra alma. A partir de ahora el que toma las decisiones es nuestro Yo superior y no nuestra naturaleza primitiva.

Soñar con el dragón, indica que estamos preparados para dar muerte a la bestia y liberar a nuestra alma.

DROGAS

Tomar drogas o sustancias alteradoras de la conciencia, significa que somos demasiado dependientes en el mundo externo, lo que nos puede traer complicaciones. También indica que no nos gusta la realidad y queremos trasformarla huyendo de ella por una puerta falsa. El mensaje nos advierte de que debemos enfrentarnos a nuestra realidad y conquistar otros estados de conciencia por nuestros propios medios. Sólo así podremos controlarlos.

ECLIPSE

El eclipse en sueños nos habla infelicidad y dificultades. Un periodo difícil se abre ante nuestra vista y el sueño nos advierte de que es sólo pasajero, por lo que hemos de ser capaces de mantener la alegría y la felicidad interior.

EDIFICIO

El edificio representa nuestra personalidad. Soñar que construimos un edificio, significa que estamos edificando una nueva personalidad que pronto será exteriorizada. Un edificio que se cae en sueños indica que estamos atravesando grandes cambios donde no quedará nada de lo que éramos.

EJÉRCITO

Cuando soñamos con el ejército, significa que hay problemas que no sabemos solucionar con la razón y estamos utilizando violencia y fuerza bruta. El mensaje del sueño viene a decirnos que quizá estamos siendo un poco violentos para resolver las diferencias con los demás.

ELEFANTE

El elefante simboliza la memoria, la longevidad y la fuerza natural y salvaje. Soñar que montamos un elefante, significa que hemos de dominar esta fuerza que poseemos para gozar de una vida longeva y una buena memoria. Es un animal que se asocia con la suerte y la fácil solución de nuestros problemas.

ELEVACIÓN

Si nos elevamos en sueños, el significado es que estamos preparados para elevarnos, tanto material como espiritualmente. Es un sueño que nos habla de elevar nuestro estado social en cualquier ámbito.

EMBARAZO

Estar embarazada puede indicar el deseo de estarlo o de tener un hijo en la vida real. Pero también sugiere que el soñador está preñado de nuevas ideas y proyectos que verán la luz, más o menos, en el tiempo que dura un embarazo.

ENANO

Soñar con enanos puede sugerirnos la idea de sentirnos pequeños con respecto a los demás. O también el mensaje podría ser: "Estas desperdiciando tu vida y no creces lo suficiente. Debes hacer lo posible por crecer y evolucionar de acuerdo a tu potencial".

ENCRUCIJADA

Si en sueños nos vemos metidos en una encrucijada, bien sea en caminos que salen en distinta dirección o varias carreteras, y no sabemos qué camino tomar, indica que estamos faltos de ideales y de ambiciones que, aunque se nos ofrecen varias posibilidades, no sabemos cuál escoger. El sueño nos avisa que debemos encontrar la clave de nuestra misión en esta vida. Un buen camino para encontrarla es a través de la meditación.

ENEMIGO

El enemigo de los sueños está representado por una de nuestras tendencias interiores. Por ejemplo, un hábito pernicioso, un carácter impulsivo, una forma de actuar incorrecta. Actitudes que nuestra conciencia ha introducido en nuestro inconsciente y que en el mundo exterior aparecen encarnadas por otras personas. Ver a un enemigo en sueños, significa que hemos de tomar conciencia de qué es o quién es en realidad y, después de haberlo descubierto, establecer la paz tanto interior como exteriormente.

ENFERMEDAD

Si soñamos con una enfermedad determinada, puede indicar que somos propensos a padecerla si no cambiamos una actitud interna que la está generando. Por ejemplo, si soñamos con una enfermedad del estómago, algo que nos ha ocurrido no lo hemos podido digerir correctamente. El sueño nos aporta el mensaje de qué debe ser digerido. Si la enfermedad es de la garganta, entonces el mensaje nos habla de nuestra forma de expresarnos; si nos someten a una operación de garganta es que algo debemos cambiar en nuestra de forma comunicarnos con los demás.

ENFERMERA

Soñar con una enfermera es señal de que la enfermedad es más grave de lo que se esperaba y anuncia un peligro inminente, pero se puede evitar si procedemos de forma rápida.

ENGORDAR

Si nos vemos engordar en sueños, significa que habrá un incremento de bienes y de felicidad. Pero también nos advierte contra la tendencia a acaparar y contra la gula.

ENSALADA

La ensalada en sueños nos sugiere que debemos adoptar algún tipo de dieta. Tal vez estamos comiendo de forma excesiva o demasiadas grasas y proteínas animales, lo que repercutirá negativamente en nuestra salud si no cambiamos a una dieta más frugal.

ENSAYO

Los actores, antes de salir a escena, se aprenden bien el papel: ensayan. El teatro simboliza al gran teatro del mundo, y los actores somos nosotros. Ensayar en sueños nos recuerda que debemos interpretar bien el papel que hemos traído a esta vida, es decir, nuestro programa vital. Pero para hacerlo bien tenemos que ensayar, o sea, meditar bien lo que vamos a hacer, asegurarnos de que nos sabemos bien el papel. Esto requiere relajación y momentos de meditación a solas con nuestro Yo superior. "Aprende bien cuál es tu misión en esta vida y ensaya para hacerlo lo mejor posible": ese es el mensaje de este sueño.

ENTIERRO

Un entierro en sueños, significa un cambio radical de vida. Una tendencia o forma de ser ha muerto en nosotros. La actitud de los personajes del sueño pueden ayudarnos a descifrar qué es lo que ha muerto en nosotros. Si se ríen y están contentos, entonces lo que ha muerto en nosotros es motivo de alegría. Pero si lloran y están tristes, es señal de que lo que enterramos nos producirá los mismos sentimientos.

E-MAIL

Tiene el mismo significado que "cartas", pero esta vez las noticias que recibiremos serán más rápidas.

EQUILIBRIO

Si nos vemos haciendo un ejercicio de equilibrio, sugiere que hemos de aplicar el sentido de la justicia en aquellos asuntos que nos traemos entre manos. "Busca el término medio, pon equilibrio en tu interior, no te vayas a los extremos": ese parece ser el mensaje del sueño.

EQUIPAJE

El equipaje simboliza en el lenguaje onírico los accesorios de nuestra personalidad. El vestido cubre a nuestro auténtico Yo y le da otra apariencia. Lo que ocurra en sueños con nuestro equipaje será lo que sucede en nuestra vida real. Si, por ejemplo, llevamos una maleta que se desborda, indica que nos obsesionamos por ocultar nuestra verdadera personalidad.

ESCALAR

Si nos vemos escalando montañas o subiendo a lugares elevados, es indicio de que subiremos, alcanzaremos una posición más alta en la vida social; pero no nos vendrá una forma fácil, sino que deberemos vencer numerosos obstáculos y dificultades.

ESCALERA

La escalera sirve para subir o bajar de nivel. Si en sueños nos vemos subiendo por ella es señal de que ascenderemos en la vida social; pero hemos de tener en cuenta qué tipo de escalera es. Si es una escalera firme y segura, entonces podemos estar tranquilos, pues ascenderemos sin ningún peligro; pero si la escalera es insegura o se rompe algún peldaño al subir o, una vez arriba, nos la quitan o nos quedamos sin ella, entonces hay que tener cuidado y meditar muy bien este ascenso, pues seguramente, una vez arriba, nos arrepentiremos.

ESCAPAR

Los sueños en los que nos vemos escapando de algo o de alguien hay que interpretarlos según el contexto. Si nos vemos escapando de algo que moralmente constituye un deber, indica que en la vida real intentamos escapar de una responsabilidad que no nos gusta. El mensaje aquí es claro: "Debes enfrentarte a tus responsabilidades".

Si, por el contrario, escapamos de un peligro, es señal de que debemos escapar en la vida real de aquello que nos puede perjudicar para ganar libertad e independencia.

ESCARABAJO

Soñar con escarabajos, significa que alguien se aprovecha de nuestros esfuerzos de una forma un poco sucia y rastrera. Hay que eliminar toda tendencia parecida de nuestro interior.

ESCENARIO

El escenario representa espiritualmente la obra de nuestra vida. Hay que observar qué ocurre en él para averiguar qué estamos haciendo bien o mal en nuestra vida real. (Ver ensayo).

ESCOBA

Si soñamos con una escoba, significa que hay algo en nosotros que debemos limpiar. Por ejemplo, soñar que barremos nuestra casa, indica la necesidad de asear nuestro interior de tendencias negativas o pensamientos perversos.

ESCORPIÓN

Por una parte, indica traiciones y miedo, por lo que el sueño sugiere que no confiemos en nadie en este momento, ni si quiera en los mejores amigos. Pero por otra parte, soñar con escorpiones puede estar hablándonos de "ama a tu prójimo como a ti mismo", que es el dicho Crístico atribuido al signo de Escorpio.

ESCRIBIR

Soñar que escribimos, indica que hemos de comunicar ideas mediante la escritura. También nos puede hablar de la necesidad de comunicarnos con alguien que hace mucho tiempo que no vemos. Otro posible significado sugiere la necesidad de recordar algo, que es importante para nosotros, cuando estemos despiertos.

ESCUELA

Soñar con una escuela sugiere que hemos de aprender y asimilar las lecciones que nos da la vida. Todo lo que sucede en el mundo físico encierra un mensaje, una lección que debemos aprender y asimilar; de lo contrario, volveremos a vivirlo una y otra vez hasta que asimilemos su significado.

ESMERALDA

La esmeralda en sueños está relacionada con la primavera, la inmortalidad, la esperanza, la juventud y la fidelidad. Soñar con ella es augurio de todas estas cosas.

ESPADA

La espada simboliza la fuerza y el poder del pensamiento. También significa justicia y protección. Si soñamos que estamos protegiendo nuestra casa con una espada, indica que hemos de protegernos con la justicia y la razón.

ESPALDA

La espalda simboliza la capacidad de llevar cargas físicas o espirituales. Si soñamos con una espalda ancha y fuerte, indica que somos más fuertes de lo que nos creemos y podemos cargar con la responsabilidad que se nos exige en el momento. Soñar con una espalda débil, es indicativo de que no somos capaces de llevar ninguna carga. El mensaje, entonces, es el siguiente "No cargues con más responsabilidades de las que te corresponden, pues no estás preparado para ello".

ESPEJO

El espejo nos muestra nuestra imagen. Mirarnos en él en sueños, revela una necesidad de conocernos un poco más a nosotros mismos, de ser conscientes de nuestros defectos y nuestras virtudes. Es una llamada a observarnos un poco más desde fuera para darnos cuenta de cómo somos en realidad o cómo nos ven los demás.

ESPIGAS

Coger espigas en sueños, significa que ha llegado el tiempo de la siega y aquello que hemos sembrado será lo que cosechemos.

ESPINAS

Soñar con espinas indica obstáculos y dificultades que nos pueden producir dolor. También sugiere la idea de sacrificio por los demás. El sueño nos advierte de que andamos por un camino de espinas y hemos de caminar con prudencia y cuidado para no clavarnos ninguna, lo que, de producirse, auguraría dolor.

Soñar con una espina que nos hemos clavado y no podemos quitarnos indica que llevamos una espina dentro, que alguien nos ha producido un dolor del que somos incapaces de salir. El sueño es un aviso para buscar la manera de quitarnos ese dolor, tal vez consultando a un especialista.

ESTACIÓN

Si estamos despidiéndonos de familiares o seres queridos en una estación, el sueño nos sugiere que ha llegado el momento de despedirnos de muchas cosas que nos eran queridas.

ESTE

Soñar con el Este, significa que una ola nueva de espiritualidad llega a nuestra vida y hemos de ser capaces de adaptarnos a ella y de integrarla en nuestro interior.

ESTIÉRCOL

Soñar con estiércol, significa entrada de dinero, ya sea mediante donaciones, herencias, ganancias en lotería, etc. Pero hay que tener cuidado de que esta entrada de dinero no sea por métodos ilícitos.

ESTÓMAGO

Soñar con enfermedades del estómago, significa que no hemos digerido bien algo que nos han hecho. Este golpe que nos han dado nos ha dejado una huella que somos incapaces de borrar. El mensaje del sueño es el siguiente: " Termina de digerir ese golpe tan duro y cúrate. La vida sigue y eso te impide seguir viviéndola de una manera normal". (Ver también Enfermedad)

ESTRELLAS (Ver astros).

EXAMEN

Si asistimos en sueños a un examen, es señal de que espiritualmente estamos preparados para pasar una prueba. Si aprobamos, significa que hemos integrado con éxito las experiencias que nos ha planteado la vida, y es el momento de obtener mayores responsabilidades espirituales. Si suspendemos, indica que hemos de aplicarnos más en sacar la quinta esencia de la escuela de la vida.

EXCREMENTOS

Pisarlos o mancharnos con ellos es señal de que obtendremos ingresos de dinero; pero hay que tener cuidado de que esos ingresos no procedan de negocios ilícitos.

EXPLORADOR

Ver un explorador en sueños indica que estamos en condiciones de explorar nuevas tierras, esto es, vivimos un momento en el que se puede producir en nosotros una expansión de conciencia.

EXTRANJERO

Hablar con él indica buen augurio. Acogerle, significa que hemos de ser caritativos. Ir al extranjero sugiere que hay algo en nuestro entorno inmediato que no entendemos y demos observarlo con más amplitud de miras, con una perspectiva diferente.

EXTRATERRESTRE

Soñar con un extraterrestre, significa que quizá nos hemos alejado un poco de la realidad, de los pensamientos que utilizan las personas normales y, ante los ojos de los demás, somos como un extraterrestre: algo fuera de lo común. El sueño nos sugiere hacer un esfuerzo por acercarnos a ellos.

FACEBOOK (VER MURO)

FAMA

Soñar que somos famosos dentro de una materia o un campo elegido, significa que somos más importantes de lo que nos creemos y debemos reconocer nuestros propios méritos.

FANTASMA

El fantasma de los sueños tiene relación con algo irreal, algo innatural. Soñar con él equivale a que estamos viviendo algo que debemos rechazar por no pertenecer al mundo real. Es posible que se trate de que vamos a realizar algo que no está de acuerdo con nuestras propias leyes morales, algo anormal, y el sueño nos avisa para que dejemos de hacerlo.

FARO

Soñar con un faro encendido es un anuncio de que, por fin, se acaba un periodo de dificultades y vamos a encontrar la dirección correcta para que nos vaya bien. Si está apagado anuncia que aún nos queda un poco de tiempo para encontrar nuestro correcto guía.

FECHA

Cuando en sueños vemos una fecha es importante que la anotemos en algún cuaderno mientras podamos recordarla, pues puede ser que en ella ocurra algo importante para nosotros. Es, además, conveniente analizar los números mediante la Numerología, ya que tal vez se trate de un mensaje que nos hable a través del significado de los números.

FIEBRE

Un estado de fiebre en sueños significa que estamos atravesando un periodo alterado de conciencia en el que no actuamos como lo haríamos en estado normal. El sueño nos avisa de que debemos ser prudentes y aplazar las decisiones y los compromisos con los demás para más tarde, pues lo que hagamos ahora será deshecho más tarde.

FIESTA

Asistir a una fiesta en sueños puede indicar la necesitad de celebrar algo en la vida real o poner un poco de fiesta y alegría en nuestras vidas. Si la fiesta nos agobia y nos produce malestar, entonces el mensaje es que tenemos que ser un poco más responsables y no tan juerguistas.

FINAL

Llegar al final de algo o a alguna meta en sueños, significa que hemos culminado alguna empresa de nuestra vida con éxito y ahora toca empezar otra cosa.

FINCA

Soñar con ella revela que necesitamos descansar y aislarnos un poco del mundanal ruido.

FLECHA

Soñar que disparamos flechas, significa que estamos realizando actos que tendrán consecuencias. El mensaje del sueño es el siguiente: "Medita bien lo que haces, pues son causas que tendrán efectos en el futuro". Si las disparamos hacia el cielo, significa que nuestros objetivos deben ser espirituales.

FLORES

La flores anuncian, en general, buen augurio. Un periodo de florecimiento primaveral y felicidad se aproxima. Hay que vivir y disfrutar de este tiempo al máximo, pues no será de larga duración.

FONTANERO

Un sueño relacionado con el fontanero o la fontanería trata sobre la forma en que dirigimos nuestras emociones. El mensaje del sueño nos avisa de que algo no anda bien en nuestro mundo emotivo y necesitamos arreglarlo. Si está atascado el lavabo, nos advierte de que hay obstáculos en nuestros sentimientos que impiden su normal desarrollo, y de no arreglar esta situación acabarán contaminando nuestra salud emocional.

FOTOGRAFÍAS

Mirar álbumes de fotografías en sueños es señal de que nos estamos anclando en el pasado, que añoramos tiempos que ya no nos aportan nada. El sueño es una invitación para volver al presente, al "aquí y ahora". Mirar nuestra propia fotografía de forma complaciente revela un exceso de vanidad que es necesario extirpar.

FRENTE

La frente está relacionada simbólicamente con el carácter. Ver una frente ancha en sueños indica talento, inteligencia y juicio recto; si es estrecha, se trata de una persona de miras cortas de quien no podemos esperar que actúe con inteligencia.

FRESAS

Indica aventura sexual de corta duración.

FRÍO

Percibir frío en sueños indica la necesidad de ser un poco más cálidos en nuestra forma de comunicarnos con el entorno. Hay que analizar nuestra vida actual y ver si estamos siendo fríos con alguien. Si es así el sueño nos invita a cambiar de actitud.

FRIGO

El frigo tiene relación con las provisiones, con los recursos. Allí se guardan los alimentos que son el símbolo de otro alimento: el espiritual. Si el frigo de nuestros sueños está repleto, significa que tenemos muchos alimentos espirituales para nutrirnos y, por tanto, muchas experiencias que conocer. Si algún alimento está podrido, indica que hemos desperdiciado un alimento, una experiencia y que no pasará a formar parte de aquellas experiencias que se archivan en nuestra conciencia. El mensaje, entonces, es que hemos de aprovechar los alimentos espirituales antes de que caduquen: no desaprovechar ningún conocimiento que se ponga a nuestro alcance.

FRONTERA

La frontera simboliza la separación entre el mundo material y el mundo espiritual; también dos estados de conciencia o dos etapas distintas de la vida. Soñar con una frontera, indica que se avecina otro estado de conciencia u otra forma de vida que será totalmente distinta a la que ahora vivimos.

FRUTA

La fruta simboliza la consecución de aquello por lo que hemos trabajado duramente. Soñar con fruta indica que hemos llegado a la etapa de los frutos. Aquello por lo que nos hemos esforzado con ahínco nos ofrece ahora sus beneficios. El mensaje del sueño nos anuncia un periodo de abundancia y bienestar.

Algunos intérpretes la asocian también a la sexualidad, por aquello del "fruto prohibido".

FUEGO

El fuego simboliza fe, entusiasmo, acción, calor humano. El sueño con fuego suele ser bastante variado. Se puede soñar que nos calentamos en un fuego, y el significado será que hemos de poner las virtudes, que hemos enumerado más arriba, en nuestra vida. Si soñamos que un fuego destruye edificios, entonces el significado es que estamos utilizándolas demasiado y debemos poner menos entusiasmo y menos pasión en las cosas, porque, si no, arruinaremos la convivencia con los demás.

Podemos soñar que pasamos por un fuego y no nos pasa nada. Este sueño anuncia que estamos preparados para el bautismo de fuego, esto es, la nueva conciencia de que hablara Cristo.

FUENTE

Una fuente en la que mana agua es el símbolo de unos sentimientos puros y equilibrados. También simboliza la vida eterna, el constante fluir de la vida. Si en sueños bebemos agua de una fuente, augura una vida de salud y renovación. Anuncia una constante evolución de nuestra conciencia. Si la fuente está seca indica malestar y estancamiento. (Ver Manantial).

FUGA

Si en pleno combate nos damos a la fuga, significa que abandonamos los designios de nuestro destino y no queremos enfrentarnos a él. El mensaje del sueño indica que estamos huyendo de nuestro destino y que no debemos hacerlo, porque nos lo encontraremos más adelante una y otra vez.

GACELA

La gacela en sueños significa la perfecta marcha de todos nuestros proyectos y todas nuestras relaciones. Soñar con ella es sinónimo de buen augurio.

GAFAS

Llevar gafas en sueños, o ver a la gente con gafas, cuando en la vida real no se necesitan, significa que tenemos una corta visión de las cosas, que en el momento presente no vemos con amplitud ni claridad y necesitamos un apoyo para mejorar nuestro razonamiento y juicio de las cosas.

Si las gafas son de sol o de colores indica que la persona que las lleva tiene una visión particular y subjetiva del mundo que le rodea.

GALLINAS

Las gallinas simbolizan las cosas sin importancia: los cotilleos, los comadreos, las murmuraciones, los chismes... Soñar con ellas, significa que estamos dando demasiada importancia a cosas que no la tienen. Es, además, una invitación para dejar de cotillear de los demás o de ver tanto programa de cotilleo en la televisión.

GALLO

El gallo es el símbolo de un nuevo día, de un nuevo despertar. Si soñamos con él, significa que hemos llegado a un punto en nuestro desarrollo espiritual, que estamos en la aurora de un nuevo nacimiento y un gran cambio a nivel evolutivo.

GANADO

Soñar con ganado es un buen augurio. Si los animales están gordos, anuncia riqueza y abundancia; pero si están flacos y enfermos, significa que vendrán tiempos de escasez.

GANSO

Soñar con ellos está relacionado con cosas estúpidas e insulsas. Tal vez estamos "haciendo el ganso" en nuestra vida cotidiana y el sueño nos advierte para que dejemos de hacerlo.

GARAJE

Los garajes sirven principalmente para guardar el coche, y ya hemos visto que el coche representa nuestra personalidad. Si soñamos con un garaje, significa que hemos de guardar nuestra personalidad de los agentes exteriores, preservarla para que no se deteriore.

GARGANTA

El signo de Tauro rige la garganta, y está relacionado con el dinero y los placeres que nos producen las posesiones materiales. Soñar con la garganta tiene el mismo significado. Si soñamos que perdemos la voz indica que podemos perder dinero en la vida real. A veces lo que realmente perdemos es la capacidad de disfrutar de los bienes de que disponemos en la vida real. Si tenemos la garganta irritada, nos indica dificultad de disfrutar o de disponer de nuestros bienes.

En otro contexto, perder la voz puede indicar incapacidad de comunicación.

GAS

El gas está relacionado con el aire y, por tanto, tiene el mismo significado; aunque se interpreta como algo más peligroso. Si soñamos con un escape de gas, podemos interpretarlo como que tenemos alguna dificultad para controlar nuestros pensamientos más peligrosos y éstos pueden resultar nocivos para los demás.

GASOLINA

La gasolina es la capacidad energética que tenemos. Si soñamos que nos quedamos sin gasolina, significa que estamos agotando nuestra energía y debemos tomarnos un tiempo para descansar y "llenar el depósito".

GASTOS

Los gastos de más nos sugieren que estamos pagando un alto precio por aquello que queremos y tal vez no es necesario. Hemos de reparar si estamos gastando nuestra energía en cosas que nos reportarán bienestar o la estamos malgastando.

GATO

El gato simboliza los bajos instintos femeninos. Soñar con un gato en actitud de ataque, significa que debemos desconfiar tanto de uno mismo (de nuestros instintos más viles) como de los demás. Hay que estar alerta con nuestras relaciones presentes.

GEMELOS

Soñar con gemelos, significa que, aunque exista dualidad y separación en este momento, acabaremos conquistando la unidad. Si cada gemelo hace lo contrario que el otro indica que hay en nosotros dos formas de ser que parecen iguales, pero que son opuestas.

GENERAL

Si vemos en sueños un general que da ordenes a los soldados, significa que en nuestro interior hay una tendencia que lleva la voz cantante y es la que ordena al resto de tendencias. Hay que observar qué tipo de órdenes les da. Si son contrarias a nuestra moral, significa que estamos dejando que ordene nuestra vida una tendencia inmoral y peligrosa y debemos quitarle el mando.

GERMINAR

Ver germinar una planta en sueños, significa que nuestros proyectos o deseos se van a convertir en realidad.

GIGANTE

Los gigantes representan fuerzas descomunales, energías desorbitadas. Si soñamos con gigantes, significa que somos poseedores de esa fuerza que puede irrumpir de repente en nuestra vida y actuar contra toda norma. El sueño es un aviso para que controlemos esa fuerza iracunda y no causar ninguna desgracia. Deberemos usar toda nuestra capacidad de sacrificio y toda nuestra moralidad para no convertirnos en seres indeseables para nuestros semejantes.

GIMNASIA

Soñar que hacemos gimnasia es una invitación a que movamos los músculos mentales. "Ejercita la mente, medita sobre los acontecimientos diarios, haz gimnasia mental": ese es el mensaje del sueño.

GIRASOL

Los girasoles se caracterizan porque miran al Sol en todo momento. El Sol es el símbolo divino por excelencia. Si soñamos con ellos, el significado es el siguiente: Mira a la luz, mantén tus ojos fijos en lo espiritual, cultiva lo positivo y cierra tu alma hacia lo negativo y oscuro y todo te irá mejor.

GITANO

Los gitanos simbolizan el destino, el karma maduro, aquello que necesariamente debe sucedernos sin que podamos hacer mucho por evitarlo. Si soñamos con gitanos, el mensaje del sueño sugiere que aceptemos el destino y no luchemos ni nos revelemos contra aquello que debemos vivir ineludiblemente.

GLOBO

Los globos están llenos de aire y son movidos por el viento. Soñar con globos tal vez sea una manera de decirnos que nuestras ideas son manejadas por el viento que más sopla, que no somos constantes en nuestro pensamiento, que hoy pensamos de una manera y mañana de otra. Si viajamos en globo, debemos cultivar ideas que nos eleven el alma.

GOLF

El juego de golf simboliza la puntería y la destreza en la vida. Soñar que no somos capaces de colar la pelota en el agujero, puede significar que no utilizamos la destreza en nuestra vida diaria, principalmente en los negocios.

GOLONDRINA

Si soñamos que una golondrina se va, significa la separación por un tiempo de un ser querido. Si la vemos que llega augura buenas noticias.

GORDURA (Ver engordar).

GORILA

El gorila simboliza lo instintos más primitivos del ser humano. Si soñamos con gorilas, significa que pasamos por una etapa en la que nos mostramos más violentos de lo normal y tenemos tendencia a resolver todo de forma agresiva. El sueño es un aviso para que luchemos con todas las fuerzas de nuestra voluntad contra este tipo de instinto primitivo y no le dejemos tomar las riendas.

GOTERA

Soñar con una gotera es señal de que en nuestra vida emotiva hay un gasto de energía que no sirve para nada. El sueño nos advierte de que hay emociones que no se canalizan bien y que deben ser controladas y llevadas hacia el sitio adecuado.

GRAMÁTICA

Si en sueños advertimos fallos gramaticales en nuestros escritos y los corregimos, significa que nuestra comunicación (ya sea mental, escrita, sentimental, etc) en este momento de nuestra vida debe ser más precisa.

GRANIZO

El agua representa las emociones, y el granizo es agua congelada. Si en sueños vemos caer granizo, significa que, si seguimos enfriando las emociones, sufriremos daños y pérdidas en nuestra vida que serán semejantes a los daños que se ocasionen en el sueño.

GRANJA

La granja en sueños refleja nuestros negocios. Lo que ocurra en ella será lo que ocurra en la vida real con nuestros negocios.

GRIETA

La grieta simboliza el sitio por donde se escapa la energía. Soñar con una grieta, significa que podemos sufrir pérdidas materiales. La grieta es un símbolo que nos llevará a la pobreza si no somos capaces de taparla en la vida diaria. El mensaje es el siguiente: "Si no tienes sentido práctico y gestionas bien tu trabajo y tu negocio saneándolo, sufrirás pérdidas."

GRILLO

El grillo simboliza la conciencia. Si el grillo aparece en nuestros sueños hemos de interpretarlo como la voz de nuestra conciencia. Es posible que estemos haciendo algo que nuestra conciencia reprueba. O quizá es un aviso de que no estamos solos, sino acompañados en todo momento por la Divinidad.

GRÚA

La ciudad representa lo que hay en nuestro interior; y las carreteras son las avenidas por donde circula nuestra energía psíquica. Soñar con una grúa que retira nuestro vehículo, significa que en nuestro interior circulan pensamientos o sentimientos que obstruyen a los demás. Si el coche era antiguo o viejo se trata de ideas o sentimientos viejos que no dejan que los nuevos sigan su circulación normal. El sueño es un aviso para que los tiremos y dejen de tener influencia en nuestra vida.

GUADAÑA

La guadaña simboliza a Saturno y a la muerte. También es el símbolo de la cosecha, que, asimismo, se relaciona con el final de la vida y las experiencias que la muerte viene a cosechar. Soñar con ella, significa que hemos llegado al final de un ciclo evolutivo y debemos prepararnos para pasar al siguiente.

GUANTES

Las manos son el símbolo de las acciones. Llevar guantes cubre las manos, no deja que se marquen las huellas del que hace una acción. Si soñamos con personajes que se ponen guantes indica que en la vida real alguien está escondiendo sus acciones, nos engaña, no se presenta como lo que es. Tal vez se presente como amigo cuando en realidad es un enemigo.

GUARDIA

Si soñamos con un guardia regulando la circulación, significa que nuestros pensamientos y emociones necesitan llevar un orden. El mensaje del sueño es: Pon tus pensamientos y emociones en orden y todo marchara bien. (Ver también Grúa).

GUERRA

La guerra en sueños revela un conflicto interno. Nuestra personalidad está compuesta de tendencias. Éstas a veces son contrarias y entran en guerra unas con otras. Por ejemplo, nuestros deseos no están de acuerdo con nuestra moral; nuestros instintos son contrarios a nuestras ideas. Soñar con una guerra revela esta pelea interior y nos dice qué tendencia es más poderosa en nuestro interior. El mensaje del sueño indica que hemos de hacer un esfuerzo por mantener la paz y el equilibrio.

GUÍA

A veces en los sueños aparece un guía que nos conduce por un camino difícil o nos dice un consejo. El significado de este sueño nos sugiere que hemos de obedecer a este guía si queremos que todo nos salga bien.

GUITARRA

Cualquier instrumento musical que oigamos en sueños nos sugiere la necesidad de un descanso y una armonía interior.

GUSANO

Si soñamos con un gusano que se transforma en mariposa indica que en nuestro interior hay latente una fuerza que nos puede transformar desde nuestro estado inferior a uno muy superior.

Si estamos comiendo una manzana y , de pronto, aparece un gusano, significa que algo corrupto, bajo y rastrero se esconde tras una apariencia hermosa. El sueño nos avisa para que descubramos dónde está y saneemos lo podrido.

HABITACIÓN

La habitación de una casa representa una parte de nuestro mundo interior. Lo que se haga en ella será lo que hagamos con esa parte que, a su vez, se reflejará en nuestro mundo exterior. Si soñamos con nuestra habitación de matrimonio que, de repente, es muy pequeña, significa que estamos dando poca importancia a nuestra vida de pareja; Si es la habitación de los niños, debemos estar más tiempo con ellos, pues indica que no estamos prestándole la atención que merecen. Si resulta que la habitación, en lugar de ser muy pequeña, se hace demasiado grande, significa que estamos dando mucha importancia a esa parte de nuestra vida en detrimento de otras.

HÁBITO

Cuando se repite mucho un acto, termina convirtiéndose en un hábito. Los hábitos se han construido a base de repetición y necesitan para prescindir de ellos el mismo esfuerzo que se utilizó para adquirirlo. Soñar que repetimos algo constantemente indica que nuestra vida está limitada por los hábitos adquiridos y no somos enteramente libres para hacer lo que queremos.

HABLAR

Hablar en sueños o escuchar que otras personas hablan se puede entender de dos maneras: 1) Si no entendemos lo que dicen, significa que no escuchamos a los demás, que no les prestamos la suficiente atención; 2) Si entendemos todo lo que nos dicen, debemos analizar el significado en función de aquello que nos trasmiten.

HACHA

El hacha sirve normalmente para destruir; para cortar de forma rápida y violenta algo. El hacha se asocia simbólicamente a la fuerza primitiva que irrumpe de pronto en nuestras vidas. Si soñamos con un hacha que siega vidas o árboles, significa que nuestra forma primitiva de actuar está acabando con las personas y el bello paisaje de nuestro entorno. El mensaje del sueño sugiere que dejemos de hacerlo, pues estamos quedando como unos viles impresentables.

HADA

Soñar con hadas augura que nuestros deseos se harán pronto realidad.

HALCÓN

Ya hemos dicho que todo lo que vuela representa alguna idea, algún pensamiento. Si el halcón del sueño vuela de izquierda a derecha, significa que una idea o proyecto que tenemos en mente se hará realidad muy pronto. Si el halcón vuela de derecha a izquierda, significa que una idea antigua nos perjudicará, seremos víctimas de una idea.

HAMACA

La hamaca se utiliza para descansar. Si soñamos que estamos en una hamaca, significa que estamos pasando por una situación de pasividad en la que no participamos en el trabajo de la vida.

El sueño nos invita a salir de este descanso y a participar de forma activa en ella.

HAMBRE

El hambre de los sueños es espiritual. Si en sueños la padecemos, significa que nuestra alma necesita alimentarse, por lo que debemos ir en busca de conocimiento espiritual apropiado para nuestra alma.

HARINA

La harina simboliza la riqueza que ha sido trabajada anteriormente; es decir, la recompensa por un duro trabajo, inteligente, anterior en el cual no hemos dejado nada sin hacer. Si soñamos que nos mandan producir harina, significa que debemos trabajar pacientemente sin saltarnos ninguna etapa, ya que para conseguir la harina hace falta un trabajo lento y laborioso. Sólo así conseguiremos sacar nuestra empresa adelante.

HECHICERA (Ver bruja)

HELARSE

Cualquier sueño en los que el frío es protagonista indica una falta de calor humano en el soñador. También puede referirse a que se encuentra alejado y sin calor por parte de los seres queridos, lo que también revela haber hecho lo mismo en el pasado. "Practica el entusiasmo, la fe, la actividad, la generosidad; muestra tu cariño a la gente de tu alrededor y el frío se alejará de ti": ese es el mensaje del sueño.

HÉLICE

Es augurio de éxito, impulso y avance en la vida.

HEMORRAGIA

La tradición oculta dice que en la sangre se encuentra toda nuestra memoria. Perderla en sueños, por tanto, indica que perdemos nuestros recuerdos, nuestra historia. El sueño nos advierte de que estamos pasando por la vida sin aprender nada, lo que es bastante serio, pues precisamente estamos en esta vida para asimilar las lecciones que nos ofrece.

HERENCIA

Heredar en sueños, significa que recibiremos algo inesperado, algo que será bueno o malo. Aunque algo bueno, desde nuestro punto de vista, como puede ser el dinero, puede frenar nuestro camino evolutivo; mientras que algo malo, como puede ser el cuidado de un familiar enfermo, nos puede hacer avanzar bastante y traer experiencias enriquecedoras. Lo que estamos a punto de heredar nos lo dirán las circunstancias del sueño.

HERIDA

Las heridas en el mundo de los sueños se refieren casi siempre a heridas emocionales, mentales o morales. Si somos nosotros los que causamos la herida, significa que estamos haciendo daño de este tipo a alguien; si alguien nos causa la herida, indica que nos han hecho daño. En los dos casos debemos intentar curar las heridas, pues con ellas no se puede seguir.

HERMANOS

El hermano de los sueños suele ser una exteriorización de nosotros mismos. Si soñamos que nuestro hermano hace cosas que nosotros reprobamos, quiere decir que una tendencia nuestra sería capaz de llegar a hacer eso, y entonces lo vemos en nuestro hermano en el sueño. Si lo que hace este hermano está reñido con nuestra moral o nuestra ley interna, el sueño nos advierte para que no dejemos penetrar en nuestra conciencia esa tendencia dañina.

HERRAMIENTAS

Las herramientas de los sueños son nuestros recursos en la vida real, nuestros instrumentos prácticos, aquella destreza y capacidad que tenemos para realizar nuestros trabajos. Si en sueños estamos trabajando y, de repente, buscamos una herramienta que no encontramos, significa que hemos de desarrollar una destreza que normalmente se relaciona con el símbolo de la herramienta que nos falta.

HIEDRA.

La hiedra simboliza la persistencia y la dependencia emocional. Si soñamos que en nuestra casa hay hiedra por todos los sitios, significa que tenemos una dependencia muy fuerte de nuestras emociones.

HIELO

Este sueño significa lo mismo que "helarse" (Ver): indica que estamos siendo demasiado fríos y deberíamos demostrar un poco más de compasión y calor humano.

HIERBA

Si estamos recostados sobre ella, contemplando las musarañas, nos indica que tal vez estamos perdiendo el tiempo y no hacemos nada para salir adelante. En este caso, el sueño nos advierte de que hagamos algo, que salgamos de nuestra apatía y recuperemos la ilusión por la vida. Si la vemos crecer, significa que muy pronto crecerán todas nuestras ideas y proyectos, lo que nos producirá una gran alegría.

HIERRO

El hierro simboliza la fuerza, la dureza y la inflexibilidad. Soñar con hierro sugiere que, en algún aspecto de nuestra vida, quizá estamos siendo duros e inflexibles.

Si en sueños utilizamos un instrumento de hierro para agredir a alguien, significa que estamos juzgándole duramente. Y nos advierte de que "quien a hierro mata a hierro muere".

HIGO

Los higos simbolizan el fruto espiritual. Si en sueños vemos una higuera sin higos, significa que no hemos trabajado espiritualmente lo suficiente para dar frutos. El mensaje es: "Desarrolla tu potencial espiritual y haz que lleve fruto o te abandonará la alegría y la felicidad inherente a todo trabajo del espíritu".

HIJO

El hijo en los sueños es el símbolo de nuestra creación, nuestro fruto, nuestra obra. Soñar, pues, que tenemos un hijo que se salta todas las reglas indica que hemos realizado una obra inmoral que puede causar daños psicológicos y espirituales a quienes disfruten de ella.

HILO

El hilo simboliza todo aquello que nos liga a la existencia desde el principio al fin, por ello se relaciona con el destino. Soñar con hilo indica que estamos atados a un destino con sus embrollos, sus líos, sus enredos y sus desenredos. Si perdemos el hilo, significa que nos estamos saliendo de nuestro guión en esta vida y que debemos recuperarlo.

HIPNOTISMO

El hipnotizando normalmente queda a disposición del hipnotizador, que manipula su voluntad y puede ordenar que haga lo que se le antoje, exceptuando lo que no apruebe la conciencia de aquél. Si vemos en sueños al hipnotizador, es señal de que nos están engañando y manipulando. Debemos descubrir la verdad y no dejarnos manipular, antes de que sea demasiado tarde.

HOGUERA

Soñar que quemamos trastos viejos inservibles en el fuego, indica que debemos deshacernos de todos aquellas tendencias: recuerdos, prejuicios, sentimientos, ideas, que ya no nos valen para seguir adelante y lo único que hacen es obstruir nuestro camino evolutivo.

HOJA

Soñar con hojas verdes indica prosperidad, belleza y alegría de vivir. Pero si se caen de los árboles y están secas es indicio de melancolía y nostalgia.

HOMBROS

Ver en sueños unos hombros anchos, significa que tenemos fuerza para realizar cualquier cosa, lo que nos traerá prosperidad. Si son estrechos indica que se merman nuestras posibilidades y tendremos que hacer un esfuerzo mayor para conseguir lo que queremos.

HORMIGAS

Soñar con hormigas que hacen su labor, significa que en nuestra vida diaria hemos de ser más organizados y previsores para que no nos falten los recursos básicos en el futuro.

HORNO

El horno representa la transmutación de alimentos crudos en algo comestible. Sugiere una transformación, convertir una experiencia desagradable en agradable.

HOSPITAL

Si no se trata de una enfermedad física literal, el sueño, entonces, nos hablará de una enfermedad moral o psíquica que necesita curación.

HOZ (Ver guadaña)

HUERTO

El huerto simboliza nuestra riqueza interna, nuestro potencial. Si soñamos que estamos trabajando en el huerto el mensaje es el siguiente: "Trabaja en el desarrollo de tu potencial interno y obtendrás beneficios que ni te imaginas".

HUESOS

Los huesos son la estructura básica del cuerpo humano y se relacionan con cualquier estructura material.

Soñar con huesos indica que debemos sentar bien las bases, las estructuras, de todo aquello que edificamos en nuestra vida.

HUEVO

El símbolo del huevo es la fecundidad. Soñar con ellos es indicio de que nuestra vida será fecunda y obtendremos abundancia y felicidad material.

HUÍDA (Ver fuga)

HUMO

El humo es una forma de comunicación. Recordemos las señales de humo, el incienso que sube a la Divinidad para comunicarle nuestros mejores sentimientos. Soñar con humo de incienso que asciende hacia el cielo, significa que debemos ofrecer todas nuestras obras a la divinidad y establecer una comunicación con nuestro Yo superior.

Si el humo es de un fuego y lo que se queman son trastos viejos, indica que hemos de sacrificar todos las tendencias inservibles, y esto lo recibirá la Divinidad como un gesto agradable.

HURACÁN

Si el aire simboliza la ideas, el huracán está relacionado con las ideas destructoras. Soñar con un huracán indica que hay en nosotros una idea destructiva y perversa que, de ponerla en práctica, acabará destruyendo la convivencia y, como consecuencia, a nosotros mismos.

IDIOMA

Si soñamos que oímos otro idioma, indica algún tipo de comunicación con nuestro Yo Superior, lo que ocurre es que aún no estamos preparados para entenderlo. El sueño nos sugiere que hagamos un esfuerzo.

IGLESIA

Soñar con una iglesia, indica una necesidad de volver a creer en el mundo espiritual. El mensaje del sueño es el siguiente: "Acude a lo más sagrado, vuelve a tener fe en la vida y todo volverá a ser hermoso".

ILEGAL

Si, en sueños, cometemos actos ilegales, significa que estamos violando nuestra moral, nuestra ley interna y nos avisa para que volvamos a ella.

IMÁN

El imán crea un campo de energía alrededor de sí mismo. Soñar con él nos informa de que poseemos cierto carisma y magnetismo que podemos emplear para conseguir nuestros objetivos, ya que ejercemos una atracción natural. Pero también nos advierte de que no hemos de abusar de ese don natural.

IMITACIÓN

Si imitamos a un superior, indica nuestra admiración por él y nuestro deseo de ser como él. Si imitamos a un inferior, significa que retrogradamos es decir teniendo unas cualidades superiores deseamos las inferiores, las que ya hemos superado. De cualquier forma, el sueño nos aconseja ser "nosotros mismos".

IMPERMEABLE

El agua que viene del cielo, el agua de lluvia, simboliza los sentimientos puros y celestiales, Si para evitar que nos caiga encima utilizamos un impermeable, significa que estamos impidiendo que entren en nosotros esos sentimientos. El sueño nos avisa para que no opongamos resistencia a dichos sentimientos y "nos quitemos el impermeable".

IMPUESTO

Si en sueños se nos exige un impuesto, significa que se nos exige una responsabilidad para el bien común.

INCIENSO

El humo del incienso representa el vehículo de los pensamientos puros que se elevan a Dios. Cuando se reza se utiliza incienso. También se utiliza para limpiar ambientes de elementos impuros. Soñar que quemamos incienso sugiere una necesidad de crear una atmósfera más pura a nuestro alrededor y elevar a Dios nuestras oraciones.

INFANCIA

Volver a la infancia en sueños indica una necesidad de recuperar nuestro niño interno, de volvernos como niños para poder entender el mensaje que la vida nos ofrece en estos momentos.

INFECCIÓN

Soñar con una infección, significa que nuestra actitud, o la actitud de otras personas, está haciendo que nos llenemos de negatividad. El sueño es un aviso para que revisemos todos los pensamientos y sentimientos que pueden perjudicarnos y no los dejemos entrar a formar parte de nuestra vida.

INMOVILIDAD

Cuando soñamos que queremos hacer algo y no podemos movernos, significa que tenemos un complejo de inferioridad y el sueño refleja nuestra timidez, nuestro miedo a no poder estar a la altura de las circunstancias. El mensaje del sueño es muy simple: "Tu miedo te paraliza y no te deja desarrollar el potencial que llevas dentro. Deja de tener miedo y podrás hacer grandes cosas".

INSECTOS

Los insectos que aparecen en nuestros sueños pueden representar amenazas de personas que consideramos inferiores. Si en el sueño sólo nos causan pequeñas molestias, no hay nada que temer; pero si terminan creando algún problema serio, entonces el sueño nos avisa para poner remedio cuanto antes a sus juicios, murmuraciones y críticas, pues podrían perjudicarnos seriamente.

INTERNET

Internet simboliza el inconsciente colectivo de que hablara Jung. Soñar que estamos buscando algo en internet, indica la necesidad de encontrar símbolos comunes a la humanidad en general para incorporarlos a nucstra conciencia. Es un indicio de que hay símbolos que no sabemos descifrar si no los interpretamos como arquetipos comunes a toda la humanidad. También puede reflejar que necesitamos encontrar respuestas.

INUNDACIÓN

Como el agua simboliza los sentimientos, la inundación en sueños nos alerta sobre el desbordamiento de nuestros sentimientos; es decir, hemos de tener cuidado con nuestros excesos pasionales y no dejarnos dominar por los sentimientos exaltados, pues con toda seguridad causarán destrozos en nuestros semejantes.

Si la inundación destruye ciudades y cultivos, es un aviso de alerta. El mensaje del sueño sería el siguiente: "Los sentimientos dominan tu forma de actuar y necesitas que la razón se haga con el rumbo".

INVIERNO

Soñar con el invierno sugiere que hemos de pasar una etapa de recogimiento interior y descanso hasta la próxima primavera. ¿Qué quiere decir esto? Pues, sencillamente que el tiempo que viene es un tiempo de aprovisionarnos de lo esencial, de aprovechar el tiempo de escasez que viene, empleándolo en algo positivo: descanso, meditación, reflexión... De esta forma, estaremos preparando los frutos de la primavera, esto es, del próximo periodo productivo.

INVISIBLE

Cuando, en sueños, vemos personajes que se vuelven invisibles, significa que en nosotros hay tendencias que no nos gustaría que existieran. El mensaje del sueño nos advierte de que estamos ejerciendo una represión sobre una parte de nosotros mismos. Lo ideal sería enfrentarnos a ellas y transformarlas en otras que sí nos gusten.

INVITACIÓN

Si en sueños recibimos una invitación, es señal de que pronto tendremos nuevas relaciones sociales, quizá se amplíe nuestro círculo de amistades.

ISLA

La isla de nuestros sueños representa nuestras malas inclinaciones, nuestra perversidad que acabará con todas nuestras relaciones humanas. Si soñamos con ella, es una advertencia para que hagamos todo lo posible por comportarnos bien con nuestros semejantes; de lo contrario, acabaremos aislados.

IZQUIERDA

La izquierda simboliza el pasado ancestral. Tomar el camino de la izquierda indica que volvemos a la infancia, al pasado; que preferimos regresar a las cosas seguras y conocidas antes que avanzar en experiencias y conocimiento. Este sueño nos advierte de que hagamos todo lo que esté en nuestra mano para que no llegue a hacerse realidad, pues también significa que optamos por un camino de duras experiencias

(Ver también derecha).

JABALÍ

El jabalí representa nuestros más bajos instintos. Si soñamos con él, nos indica que una parte de nosotros se está pervirtiendo. "Apartarnos de todo mal y de todo deseo de hacerlo": ese es el mensaje de este sueño.

JABÓN

El jabón sugiere la idea de limpieza. Tal vez se trate de crear un ambiente limpio a nuestro alrededor.

JARDÍN

El jardín ilustra la idea del Paraíso. Soñar con él augura un periodo de bienestar y felicidad, sobre todo si está cuidado. Si el jardín no está cuidado y aparece salvaje, significa que no estamos cuidando nuestra parte de paraíso interior, y el sueño es un mensaje para que lo cuidemos, con vistas a que un día podamos disfrutar de él.

JARDINERO

Este sueño está relacionado con el anterior. Hay que ver lo que hace el jardinero de nuestro sueño para interpretarlo. Si corta las malas hierbas, significa que en nuestro paraíso interno todavía hay malos hábitos que extirpar. Si riega las flores indica que hemos de trabajar en construir un bello florecimiento, una vida más bella.

JARRA

La interpretación de este sueño depende del contenido de la jarra. Si contiene algo bueno será un buen augurio si contiene algo malo será desfavorable.

JAULA

La jaula sirve para privar de libertad a un animal. Si lo que encerramos en ella es un pájaro, indica que no debemos poner en circulación todavía esa idea que nos traemos entre manos. Si encerramos un animal salvaje, significa que debemos sujetar nuestros instintos más primitivos, hasta que seamos capaces de utilizar esa energía en algo constructivo.

JEROGLÍFICO

Soñar con un jeroglífico indica que en nuestra vida ocurren cosas que no son claras. Hay que ver y analizar cualquier circunstancia del sueño, pues en alguna de ellas podría esconderse la clave de su interpretación.

JOROBADO

Verle o tocarle la joroba augura buena suerte.

JOVEN

Soñar que somos jóvenes cuando tenemos una cierta edad, indica que disponemos de energías psíquicas y anímicas suficientes para recuperar de nuevo las ilusiones de juventud.

JOYA

La joya representa algo de mucho valor. A niveles espirituales está relacionada con el conocimiento y la verdad. Si en nuestros sueños encontramos una joya, significa que en nuestra vida real vamos a encontrar algo muy valioso que debemos apreciar en su justa medida.

JUEGO

Los juegos en sueños representan a ese otro gran juego, que es el juego de la vida. Si jugamos mal, indica que estamos haciendo mal las cosas y debemos rectificar para hacerlo mejor.

JUEZ, JUICIO

Si el juez aparece en nuestros sueños para juzgarnos, es señal de que nuestra ley interna ha sido violada, es decir, hemos obrado mal de acuerdo a nuestra propia justicia interior, y nuestra autoridad normal interna -el juez- se muestra en sueños para recordarnos qué es lo que hemos hecho mal. Si se nos juzga por haber dado muerte a alguien, se trata de que hemos asesinado a un impulso moral que podría haber hecho mucho bien. Si se nos juzga por robo, significa que nos hemos apropiado de ideas o recursos que pertenecen a otra persona. La naturaleza del asesinado o del robo nos dará una idea más clara de lo que se está juzgando.

JURAMENTO

Si hemos de jurar en sueños es que no estamos seguros de cumplir aquello que prometemos. El sueño sugiere que nos mantengamos fieles a nuestra palabra, de esta manera no tendremos que jurar.

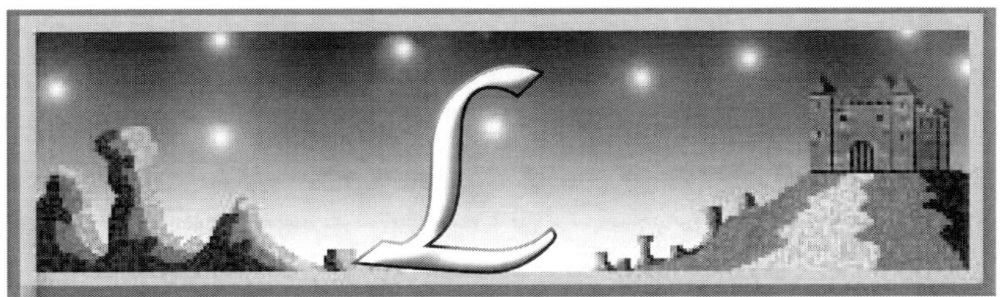

LABERINTO

El laberinto representa un lugar construido por la voluntad, un lugar donde nos torturamos. Soñar que estamos en él anuncia que vivimos encerrados en nosotros mismos, desligados de la realidad. Si no podemos hallar la salida, indica que nos hemos perdido en nuestra propia realidad recorriendo caminos que no conducen a ninguna parte. En este caso, el mensaje del sueño es: "Busca la salida, encuentra tu centro y sal del mundo irreal y peligroso que te has creado".

LABRADOR

Este sueño nos anima a labrar la tierra; es decir, nos informa de que, si trabajamos correctamente sembrando y labrando el futuro que queremos conseguir, tendremos todas las posibilidades de éxito.

LADRIDO

Si oímos ladridos en sueños es un aviso para que estemos alerta, pues acecha un peligro.

LADRILLO

Soñar con ladrillos indica que nuestra personalidad debe renovarse, debemos construirla con nuevos elementos.

LABORATORIO

Si soñamos con un laboratorio, o que trabajamos en él, significa que tenemos que aplicar más la razón y el análisis para resolver nuestros problemas actuales. Quizá tenemos este sueño mientras pasamos por una etapa en la que nos mostramos demasiado pasionales o viscerales en nuestros juicios.

LADRÓN

Soñar que nos roban en nuestra casa, indica que alguien nos está quitando energía, se está apropiando de algo que nos pertenece, pueden ser cosas materiales o espirituales, como ideas, sentimientos o normas morales. Si quien nos roba es alguien conocido, entonces el significado es que nuestra relación con esa persona nos hace perder lo mejor de nosotros mismos. El consejo es que no debemos dejar que nos chupe la energía.

LAGO

Soñar con un lago nos informa sobre el estado de nuestras emociones que, como hemos dicho en otras ocasiones, están representadas por el agua. Si en el lago aparecen monstruos o peces raros, significa que en nuestras emociones inconscientes habitan sentimientos bajos y violentos que pueden salir a flote en cualquier momento. Soñar con un lago nos proporciona bastante información, dependiendo de lo que encontremos en él, de cómo estén las aguas, etc... (Ver también agua).

LAGRIMAS (Ver llorar)

LÁMPARA

En sueños, la luz natural del sol simboliza la vida, la vitalidad, el conocimiento. La luz de la lámpara es la parte que cada uno hemos individualizado. Por tal motivo, esta luz se considera una luz más débil. Soñar con ella es sinónimo de encontrar una luz personal en medio de la oscuridad. El mensaje indica que busquemos en nuestro raciocinio, en nuestra inteligencia y hallaremos la solución a nuestros problemas. Si ponemos una lámpara en una estancia donde hay varias personas, significa que hemos de impartir nuestro conocimiento.

LANA

Simboliza la protección del frío, y ya vimos que el frío estaba relacionado con la falta de calor humano, Si nos abrigamos con ella indica que hemos de protegernos de sentimientos fríos.

LANGOSTA

La imagen de la plaga de langostas es una de las más conocidas y temibles que existen en el inconsciente colectivo. En sueños suele estar relacionada con algún castigo (en términos modernos: karma) que se nos viene encima por haber hecho alguna fechoría. En este sentido, es una grave amenaza de ruina y desolación. Pero si, en el sueño, se nos informa de cómo podemos evitarla, entonces hemos de hacer todo lo posible porque así sea.

LANZA

Si en sueños aparecen soldados o personas que, armados de lanzas, entran en combate, indica que nuestros métodos para afrontar el combate diario deben modernizarse.

LÁPIZ - BOLÍGRAFO

Cuando en sueños aparece un lápiz, el mensaje indica la necesidad de comunicarnos, aunque también puede sugerir que necesitamos aprender algo.

LÁTIGO

El látigo en sueños sugiere la idea de castigo o tortura. Si nos vemos azotando a alguien, es señal de que estamos dominando mediante el castigo o el dolor. Si somos nosotros los azotados, significa que alguien nos humillará.

LAUREL

Simboliza la victoria, el triunfo; y este es el significado que hemos de dar a este tipo de sueños. Si nos coronan con laurel, está claro que obtendremos el triunfo y la victoria en alguna cosa.

LAVAR

Soñar que nos lavamos o lavamos alguna cosa sugiere una necesidad de limpiar nuestros sentimientos de negatividades. También puede relacionarse este sueño con la necesidad de ofrecer un aspecto más aseado a los demás. O quizá la necesidad de borrar un sentimiento de culpa que nos atormenta. En este último caso, el mensaje es: Lo que hiciste, tengas tú la culpa o no, ya pasó y no puedes hacer nada por evitarlo. Aprende de este error y rectifica a partir de ahora.

LECHE

Soñar con leche es un buen augurio, pues simboliza fecundidad y abundancia. Pero si soñamos que la derramamos, indica pérdidas.

LECHUGA

Soñar con lechugas tal vez indique la necesidad de iniciar una dieta en la alimentación donde estén más presentes las verduras y hortalizas.

LEER

Simboliza la información, el conocimiento. Si leemos un libro, significa que buscamos información, puede ser el libro de nuestra vida y, entonces necesitamos recordar cosas sobre nuestro pasado o nuestra misión. Si es así, el mensaje es el siguiente: "Busca en los libros el conocimiento que te indique la forma de entender tu programa vital, aquello que has venido a realizar en esta vida". Si leemos una carta, un mensaje..., significa que necesitamos tener noticias de alguien. Depende de lo que leamos, así hemos de interpretar el sueño.

LENGUA

Si soñamos que, de repente, tenemos una lengua enorme, indica una necesidad de hablar menos. Si nos la mordemos, hemos de tener más prudencia con lo que decimos. Si nos la cortan es señal de que alguien está coartando nuestra libertad, al no dejar que nos expresemos.

LENTES

Si nos obligan a llevarlas, no necesitándolas, significa que alguien pretende dirigir nuestra vida y decirnos cómo debemos sentir, pensar y opinar. El mensaje del sueño es que no debemos dejar que nos manipulen.

LEÓN

El león simboliza la fuerza y el poder. Hay que analizar muy bien los sueños en los que aparece el león, pues no es lo mismo soñar que un león nos salva y nos protege de peligros, o que le acariciamos y jugamos con él, a soñar que ataca, causando grandes heridas. En el primer caso, significa que nuestra fuerza interior y poderosa la hemos dominado y sabemos canalizarla para que nos proteja y nos salve de los peligros. En el segundo, nos domina y puede causar graves daños.

LEOPARDO

Es símbolo de bravura y ferocidad. En el león las intenciones son nobles; en el leopardo no, pues ataca a traición. Si nos ataca un leopardo en sueños, podemos estar alerta, pues es posible que recibamos un ataque a traición; también puede ser un ataque interior de nuestros instintos.

LIBROS

Representan nuestra vida. Lo que hay escrito en los libros de nuestros sueños suele ser, por lo general, nuestras experiencias y nuestro nivel de conciencia. Si buscamos algo en un libro puede ser que necesitemos repasar alguna experiencia pasada o quizá recordar nuestra verdadera misión en esta vida.

LIEBRE

La liebre y el conejo simbolizan la fecundidad emotiva, sentimientos y amores fugaces. Si la que sueña es una mujer soltera, el sueño le avisa de que tenga cuidado, pues, debido a estos amores, hay riesgo de embarazo. De cualquier forma, soñar con una liebre indica que hay que frenar la lujuria y la incontinencia sexual, pues pueden producir sorpresas desagradables.

LIMÓN

El limón es ácido y amargo, pero son muchas sus propiedades benéficas. Soñar con limones, significa que los momentos amargos y ácidos por los que estamos pasando resultarán altamente beneficiosos para la salud de nuestra alma.

LINTERNA

Soñar con una linterna indica que necesitamos una luz, un guía espiritual.

LOBO

Es un animal salvaje que simboliza egoísmo, crueldad y ferocidad. Soñar con lobos, significa que, en nuestro interior, existen estas tendencias que pueden exteriorizarse en enemigos que intentarán devorarnos sin piedad. El sueño es un aviso para vencer a nuestros lobos internos y, haciendo esto, no se mostrarán más en el exterior.

LORO

Es un animal que repite lo que oye decir a los demás. Soñar con él tal vez nos transmita que nos limitamos a repetir lo que hacen o dicen los demás sin poner ninguna cosa original nuestra. Este sueño también tiene relación con murmuraciones y cotilleos de los que seremos víctimas.

LUCHA (Ver guerra)

LUNA

Simboliza la fecundidad y la imaginación. Tiene relación principalmente con la mujer y los poderes femeninos. El significado depende de las circunstancias y de la fase en que se encuentre. Si se encuentra en luna llena, fecundidad y triunfos cuyo principal protagonista es la mujer; si es luna nueva, nos habla de siembra en el amor, de unión, de armonía; si es cuarto creciente, esa unión, ese amor va creciendo; luna llena, fecundidad y culminación del amor, cuarto menguante, se extiende ese amor.

LUZ

La luz de nuestros sueños simboliza el conocimiento y la vitalidad. A mayor luz, mayor posibilidad de que el sueño se realice. Si la luz es la del Sol, indica más conocimiento y claridad para interpretar los mensajes de la vida.

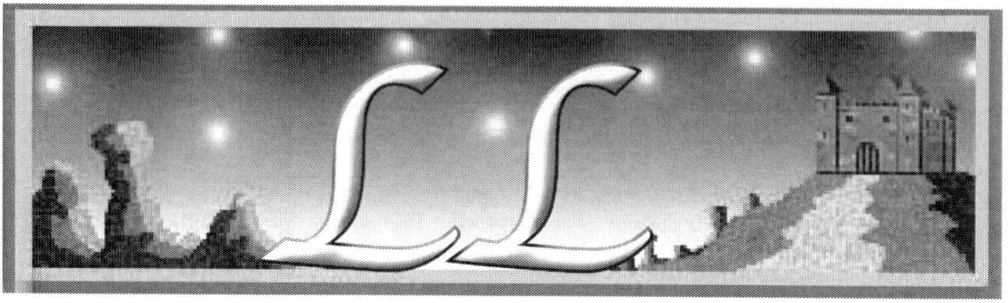

LLAMA (ver fuego)

LLAMADA

Si alguien nos llama en sueños, es señal de que un amigo o pariente nos necesita. Es posible que esté pasando un mal momento. Si llaman a nuestra puerta, significa que alguien quiere conocernos.

LLAVE

La llave está relacionada con su función, que es la de abrir y cerrar puertas. Soñar con una llave, significa que necesitamos abrir o cerrar alguna puerta. Quizá nos sentimos atrapados en nuestra propia casa, en el sueño, y no damos con la llave que nos llevaría a poder salir de ella. Este sueño revela un conflicto que nos tiene encerrados en nosotros mismos y nos lleva a no hacer vida social. El mensaje del sueño aquí es muy claro: "Sal de ti mismo y relaciónate con los demás". Si por el contrario, hemos dejado la llave dentro de casa y no podemos entrar en ella, significa que somos tan extrovertidos que olvidamos la forma de entrar a nuestro interior para poder estar a solas con nosotros mismos. O tal vez signifique que estamos hartos de nuestra soledad y queremos relacionarnos más. En cualquiera de los dos casos, indica que no podemos cortar una situación de forma radical.

LLORAR

Llorar, en sueños, es símbolo de alegría y felicidad inesperada.

LLUVIA

El agua simboliza los sentimientos; el agua de la lluvia está relacionada con sentimientos puros, pues cae del cielo, lo que tiene que ver con las energías espirituales, los sentimientos sublimes. Cualquier cosa que hagamos en sueños bajo el agua de la lluvia es señal de que los sentimientos que allí se mezclan son puros. Si alguien nos da un abrazo bajo la lluvia, significa que los sentimientos de esa persona son puros y no tenemos, a ese respecto, nada que temer.

MENTÓN (Ver barba).

MADEJA

Soñar con una madeja de hilo o lana anuncia líos y embrollos en cualquier asunto humano.

MADERA

Soñar con madera cortada en forma de troncos o ramas, indica nuestra capacidad para construir, para crear una estructura. Si soñamos con madera leñosa, quizá nos estamos volviendo rígidos y es necesario equilibrar nuestros sentimientos.

Si amontonamos madera para quemar en invierno, indica que hemos de ser precavidos y prepararnos para periodos de recogimiento, para que no nos falten los recursos energéticos.

MADRE

La madre en los sueños se relaciona con la madre Tierra. Soñar con nuestra madre carnal nos informa de nuestra relación con los bienes terrenales: placeres, abundancia, bienestar, felicidad. Si soñamos que nos trata mal, indica restricciones y dificultades en el orden material; si, por el contrario, nos trata bien, tendremos abundancia material. Si se sueña a la madre muerta indica que, a partir de este momento, pasaremos dificultades materiales, tendremos que trabajar muchísimo más para obtener los frutos de la

Tierra. Si soñamos con un incesto con nuestra madre, aunque parezca una barbaridad, no es lo mismo que en la vida real. El sueño de incesto indica que estamos a punto de iniciar la aventura de querer obtener bienes materiales de forma ilegal. Por lo que el sueño es un aviso para que no lo hagamos.

MAESTRO

Soñar con un maestro, indica la necesidad de recurrir a la parte más sabia de nosotros mismos. El sueño es un aviso para que reflexionemos antes de tomar una decisión importante y lo hagamos de acuerdo a nuestra sabiduría interior.

MAGO

El mago transforma el mundo material mediante poderes espirituales. Si soñamos con él indica que vivimos momentos importantes en nuestra vida espiritual y pueden producirse cambios importantes que serán, para quien los contemple, verdaderos milagros o actos de magia. Si el mago realiza actos de magia negra, entonces el sueño nos avisa, pues lo que estamos haciendo es apropiarnos de algo que no nos pertenece y lo hacemos de forma egoísta. Esto, con seguridad, nos pasará la factura kármica más adelante.

MAÍZ

Soñar con maíz augura prosperidad y bienes materiales.

MALETAS (Ver equipaje).

MAMAR

La acción de mamar en sueños indica una necesidad de volver a la infancia. Quizá necesitamos un alimento espiritual menos duro del que estamos tomando. San Pablo aconsejaba dar leche a los primeros conversos, es decir, un alimento que pudieran digerir mejor. El consejo en este sueño entonces sería: "Ve poco a poco, aliméntate de cosas sencillas que puedas entender, y sólo después podrás alimentarte (aprender y entender) con las demás".

MANANTIAL

El manantial, al ser un agua que mana (el agua, ya sabemos, significa el mundo de los sentimientos) indica pureza de sentimientos. (Ver fuente).

MANCHA

Tener una mancha en sueños indica que hemos cometido un acto impuro, algo que moralmente no está bien. Si conseguimos limpiarla sugiere que, aún estamos a tiempo para rectificar y limpiar nuestra reputación. Si no podemos, la tarea será más difícil, pero debemos hacer lo posible por que desaparezca.

MANCO (Ver amputación).

MANO

Las manos simbolizan nuestros actos, nuestra capacidad de maniobrar. En función de esto, soñar con las manos sucias indica que hemos cometido o vamos a cometer actos ilícitos que nos dejarán mancha. Si soñamos con las manos manchadas de sangre, cometeremos actos violentos. El mensaje del sueño, en este caso, nos advierte de que si seguimos con nuestra manera de actuar podremos cometer actos violentos, ya sean físicos, sentimentales, mentales o morales.

Si soñamos con que nos amputan una mano, indica que no podremos actuar según nos habíamos propuesto. Algún imprevisto o circunstancia no nos dejará hacerlo.

MANZANA

La manzana representa la tentación y la sensualidad. Si comemos una manzana en sueños, indica felicidad material; pero se trata de una felicidad pasajera, pues este sueño se relaciona con la tentación de Adán y Eva.

MAÑANA

La mañana es símbolo de comienzo, por lo que soñar con algo que se realiza por la mañana, indica que estamos iniciando ese camino y que todavía queda mucho por recorrer.

MAPA

Soñar que consultamos un mapa indica que hemos perdido el rumbo de nuestra vida y necesitamos una orientación. El mensaje de este sueño sugiere la necesidad de buscar nuestra misión en esta vida, lo cual sólo se consigue meditando y entrando en contacto con nuestro Yo superior.

MAQUILLAJE

El maquillaje se utiliza para crear una imagen, aunque irreal, mejor de nosotros mismos. Si nos maquillamos en sueños, indica que hemos de cuidar la imagen para obtener mejores resultados en nuestra vida, ya que la sociedad en general se rige mucho por las apariencias. No es lo mismo asistir a una entrevista de trabajo maquillada que sin maquillaje.

MÁQUINA

Las máquinas tienen relación con el funcionamiento de nuestros órganos. El cuerpo físico se ha comparado algunas veces con una máquina. En este sentido, soñar con máquinas nos informa del estado de nuestros órganos y nuestra energía. Si vemos en sueños que una máquina necesita reparación, debemos atender al símbolo, pues seguramente se refiere a un agotamiento o un mal estado mental o físico.

MAR

El mar se relaciona con los sentimientos y con todo lo misterioso que hay en ellos. Soñar con un mar bravo indica unas emociones pasionales y violentas. Un mar apacible indica un equilibro y paz interior. Los animales marinos son la imagen de nuestros deseos y emociones. Si soñamos con peleas de peces o animales del mar, indica que en nuestro interior unas emociones se levantan contra otras, por lo que deberemos proceder a apaciguar nuestro mundo emocional.

MARGARITA

La margarita es símbolo de inocencia, amor y pureza espiritual.

MARINERO

Si el marinero aparece en el sueño de una mujer, presagia amor y romanticismo. Si aparece en el sueño de un hombre, indica deseos de aventuras y libertad.

MARIPOSA

La mariposa es el producto de una evolución desde un simple gusano hasta su estado actual. Simboliza la transformación, la muerte y la resurrección; en definitiva, la transformación del alma. Si soñamos con una mariposa, indica que hemos sido transformados o, por lo menos, algo se ha transformado en nosotros, algo que era feo y asqueroso se ha convertido en bello y agradable, tal vez se trate de una tendencia desagradable.

MARIQUITA

Soñar con mariquitas, indica buen augurio y noticias alegres.

MÁRMOL

El mármol está relacionado con la frialdad ("Eres frío como el mármol"); pero también aquello que permanece: la estabilidad. Si soñamos con él, hay que interpretar el sueño según la circunstancia.

MARTILLO

El martillo simboliza trabajo y voluntad. Soñar con un martillo indica que sólo poniendo nuestra voluntad y trabajando conseguiremos aquello que nos proponemos.

MÁRTIR

Si alguien nos propone en sueños realizar un sacrificio o soñamos con un mártir religioso, el mensaje es que debemos cuestionarnos nuestra espiritualidad y nuestras creencias. Tal vez estamos siendo un poco fanáticos. El sueño es un aviso para que dejemos de se tan fanáticos y volvamos a la sensatez.

MÁSCARA

Soñar que llevamos puesta una máscara, indica que no somos sinceros con los demás, que no nos mostramos tal como somos. Si son los demás los que llevan las máscaras, quiere decir que no debemos confiarnos de la gente que nos rodea en estos momentos, pues nos engañan, no son lo que aparentan ser.

MATADERO

Ver un matadero en sueños sugiere la necesidad de sacrificar nuestros animales internos, deseos despreciables, bajos instintos...; es decir, debemos extirpar todo lo que hay de animal en nosotros.

MATAR (Ver asesinar).

MEDICINAS

Soñar con medicinas indica que necesitamos una ayuda, un auxilio. Algo en nosotros necesita curación. Puede tratarse tanto del cuerpo como del alma.

MÉDICO

Soñar con un médico es señal de que vamos a recibir curación en algún asunto, ya sea del cuerpo o del alma.

MEDIODÍA

Cualquier cosa que ocurra en sueños al mediodía indica que se ha recorrido la mitad del camino, en ese tema particular, y que todavía queda otra mitad.

MEDITACIÓN

Si en sueños nos vemos meditando, el significado es que debemos meditar para hallar solución a algún problema en particular. También sugiere la necesidad de meditar un poco más en nuestra vida real para que nos vayan mejor las cosas.

MENDIGO

Soñar que alguien vive como un mendigo sin necesidad, indica que tenemos recursos suficientes para vivir como los demás y, sin embargo, nos comportamos como mendigos. Si somos mendigos en sueños, augura que viviremos un tiempo de dificultades económicas.

Si nos vemos dando limosna a un mendigo, significa que hemos de tener un poco más de compasión con los que disponen de menos recursos que nosotros.

MENTÓN (Ver barba).

MERCADO

En un mercado se suele comprar aquello que nos hace falta para seguir viviendo. Es también algo parecido a un teatro, donde ocurren un sinfín de anécdotas. Soñar con un mercado nos sugiere que hemos de encontrar aquello que nos sirva para realizar nuestra labor diaria. Es un sueño que se presta a diversas interpretaciones, que irán en función de lo que se haga en él. Puede sugerir la idea de que nuestra vida transcurre como en un mercado; entonces el sueño nos advierte de que hemos de cambiar nuestra forma de comportarnos, pues no todo en la vida se puede comprar o vender. O quizá nos informe el sueño de que hemos de ser un poco más comerciales. Como ya hemos dicho, la interpretación hay que hacerla en función de las circunstancias.

MESA

La mesa sirve para comer y para reuniones. Soñar con una mesa con abundante comida, augura una época de bienestar y opulencia; si está vacía o con poco que comer, indica, por el contrario, una era de escasez y pobreza.

Si soñamos, en cambio, con una reunión, significa que las decisiones hemos de tomarlas en coordinación con los demás, no en solitario.

META (Ver final).

METRO

Como medio de transporte: "Ver autobús". Como vara de medir, representa las medidas, las normas sociales. Si soñamos con él, significa que hemos de observar ciertas normas de conducta y convivencia para vivir dentro de un orden en el que poder movernos.

MIEDO

El miedo en los sueños traduce un miedo real a algo o a alguien. Observar que nos da miedo en vigilia nos dará la clave de interpretación de este sueño. El mensaje es que si seguimos teniendo miedo no podremos hacer nada importante, quedaremos paralizados. "El miedo no sirve para nada -viene a decir el sueño-, deshazte de él cuanto antes". Si se repite con frecuencia este sueño, conviene visitar a un especialista, pues con toda probabilidad puede estar reflejando un desequilibrio nervioso.

MIEL

La miel simboliza el placer y la dulzura. Comerla en sueños indica que nos falta proporcionarnos un poco más de placer y dulzura en la vida. El mensaje del sueño es el siguiente: "Vives sin gozar lo que la vida te proporciona; aprende a disfrutar un poco más de la vida: permítete un dulce de vez en cuando".

MOLINO

El molino extrae lo útil de la materia prima. Si soñamos con molinos, el mensaje del sueño augura riqueza y bienestar porque extraemos lo que tiene utilidad en la vida y dejamos lo que no lo tiene. También significa que, de todas nuestras experiencias, hemos de quedarnos con lo esencial, con la quintaesencia y desechar los pormenores. Otra posible interpretación, principalmente si vemos a los molinos moler despacio, nos puede hablar de que no hemos de tomar cartas en los asuntos que tratan del destino y el karma de los demás, no hemos de actuar con venganza, o posible justicia, ante lo que nos sucede, sino dejarlo en manos de la Divinidad ("Los molinos de Dios muelen despacio") y todo se hará de acuerdo a Su Voluntad.

MONEDA (Ver dinero).

MONO

El mono representa nuestra personalidad instintiva. Para interpretar este sueño hay que observar lo que hace el mono de nuestro sueño. Si lo único que hace es imitar, entonces el sueño nos informa de que estamos utilizando nuestros instintos para realizar trabajos que deberíamos desarrollar con la mente y la razón. De lo contrario, seremos simples copistas y nada originales. Si el mono destroza lo que encuentra en su camino, indica que hemos de tener cuidado, pues nuestros instintos pueden despertar y acabar con cosas que son valiosas para nosotros.

MONSTRUO

Si soñamos con monstruos, es señal de que nuestras acciones y nuestra forma de comportarnos es monstruosa y exagerada. El mensaje del sueño es el siguiente: Observa tus comportamientos monstruosos y extírpalos de tu vida.

MONTAÑA

Las montañas de los sueños indican nuestro ascenso evolutivo. Si subimos por una montaña con grandes esfuerzos, es señal de que tendremos dificultades y problemas, pero ascenderemos espiritualmente, adquiriremos conciencia. El sueño nos sugiere abandonar los caminos fáciles del valle para adentrarnos en los difíciles, aunque sumamente gratificantes.

Si soñamos que descendemos por la montaña, indica que corremos el peligro de degradarnos moralmente. El mensaje aquí es que detengamos ese proceso descendente, pues no nos conducirá a nada bueno.

MORDEDURA

Morder en sueños indica que no controlamos nuestros instintos y somos agresivos con la gente; o, por el contrario, experimentamos agresión por parte de los demás. El sueño, seamos nosotros los agresivos o lo sean los demás, nos avisa para que controlemos nuestros instintos y nuestra agresividad.

MOSCAS

Las moscas simbolizan algo desagradable y molesto. Soñar con ellas es señal de que en nuestra vida existen cosas desagradables y molestas que no nos deja hacer las cosas tranquilos y disfrutar de nuestro trabajo o descanso. Hay que mirar a nuestro alrededor y ver quienes nos están causando molestias, para apartarnos de ellos, pues una pequeña molestia, si es repetitiva, puede convertirse, a la larga, en algo insoportable. También puede sugerir el sueño que son nuestros sentimientos o pensamientos molestos los que no nos dejen en paz. La respuesta entonces es clara: Evitarlos, transfórmalos en positivos.

MOTOCICLETA

La motocicleta simboliza, al igual que el automóvil, la personalidad; pero este es más un sueño de juventud. En realidad la motocicleta permite ir más deprisa y adentrarse por caminos donde no podría entrar un automóvil. El significado de estos sueños es el mismo que el del coche o cualquier vehículo independiente, pero con mayor riesgo. En un sentido, hay que interpretarlo como que nos estamos conduciendo en la vida con mucho riesgo y peligrosidad, y haríamos realidad el dicho: "Está como una moto" o "vas como una moto".

MUCHACHA

Una bella muchacha en sueños indica una tendencia de nuestra imaginación. Si esta muchacha nos muestra algo bueno y positivo, el sueño hay que interpretarlo como que nuestra imaginación nos llevará a resultados felices. Pero si la muchacha nos enseña algo negativo, entonces hay que desconfiar de nuestra imaginación, pues nos puede llevar a un desastre.

MUDARSE

Si en sueños nos mudamos de casa, significa que hemos realizado un cambio profundo de nuestra personalidad y, a partir de ahora, viviremos con nuestras tendencias nuevas.

MUEBLES

Los muebles de los sueños están relacionados con las tendencias de nuestra personalidad que se exteriorizan en nuestra vida diaria. La mesa revela nuestra unión con los demás para tomar decisiones; el armario, nuestra cosas íntimas; la cama, nuestra intimidad, nuestro descanso. El sueño donde aparecen muebles hay que interpretarlo en relación a lo que ocurra con ellos.

MUELLE

El muelle sugiere la idea de ser flexibles y elásticos. Soñar con un muelle indica la necesidad de flexibilizar nuestras posturas ante la vida. Si soñamos con la forma de espiral nos habla del progreso, de la evolución, del misterio de la vida. Sugiere la necesidad de caminar hacia el futuro avanzando siempre en espiral, es decir, en camino perfecto.

MUERTE

La muerte de los sueños nunca anuncia la muerte física, sino la simbólica; es decir, señalan que algo ha muerto: una relación, una amistad, una forma de ser... A veces lo que anuncian es una separación, un alejamiento de esa persona que se sueña muerta. En este caso, el sueño es un aviso para que le prestemos más atención. Si soñamos que muere nuestro padre, es indicativo de un alejamiento de lo espiritual para adentrarnos en lo material; la muerte de nuestra madre anuncia dificultades materiales. Soñar con una muerte siempre significa un cambio profundo de estado de conciencia, una transformación importante en nuestra vida.

MUERTO (Ver "muerte" y "cadáver").

MUJER

La mujer simboliza la imaginación, las emociones y la sensibilidad. La interpretación es la misma que el sueño de la "muchacha", pero la imaginación o la sensibilidad es más madura, menos impulsiva.

MULETA (Ver bastón).

MUÑECAS / OS

Las muñecas representan la necesidad de consuelo, de volver a la infancia, al juego, de sentirse cuidada y querida. Pero también simbolizan las partes sin desarrollar de la personalidad. El sueño, en este sentido, invita a desarrollarlas, a que no queden como simples muñecas o, lo que es lo mismo, sin voz ni voto en nuestro interior.

MURO

Los muros simbolizan la frontera, el límite; tanto pueden limitar la salida como la entrada al recinto interno del muro. Antiguamente las ciudades, símbolo de nuestro consciente, se protegían con murallas. Si soñamos con muros tal vez se nos esté informando de que hemos de tener claro que tenemos unos límites y que no nos conviene sobrepasarlos. O quizá de que nos estamos protegiendo en exceso y no dejamos entrar nada más en nuestra conciencia por miedo a que nos haga daño.

MURO (FACEBOK)

El muro de Facebook, sin embargo, significa otra cosa: nuestra relación con el mundo, nuestra forma de expresarnos, lo que compartimos con los demás, aquello que queremos que los demás sepan de nosotros... Por tanto, la interpretación va en ese sentido. Si soñamos que alguien invade nuestro muro con cosas contrarias a nuestro modo de pensar, significa una imposición de opiniones en la vida real que debemos analizar.

MUSEO

Los museos simbolizan nuestros pensamientos, ideas y sentimientos que se han quedado anticuados y sólo se encuentran en nuestros recuerdos. El sueño sugiere que debemos volver sobre ellos, pero sólo para comprender ciertas cosas con las que tuvieron relación y no para recrearnos en su recuerdo con nostalgia.

MÚSICA

Oír música en sueños es señal de que hemos llegado a producir una armonía en nuestro interior que nos hace ser más felices y más espirituales en nuestra vida cotidiana.

NACIMIENTO

El nacimiento en los sueños simboliza precisamente eso: un despertar a una nueva vida, un comienzo, un parto. Si soñamos con un nacimiento, significa que algo ha nacido o está a punto de nacer en nuestra vida. Puede ser una nueva relación, una amistad, un amor, un negocio, una casa, una nueva forma de vida...O quizá un pensamiento, un nueva forma de ser, un sentimiento...

NADAR

Ya sabemos que el agua representa el mundo emocional. Nadar simboliza la forma en que nos movemos en ese mundo. Si nadamos contracorriente, significa que vamos contra nuestra propia naturaleza emocional; es decir, contra el rumbo normal de nuestros sentimientos. En este sentido, el sueño nos avisa para que demos un giro de 180 grados en lo que respecta a nuestros sentimientos.

Si en el sueño estamos aprendiendo a nadar, indica que aún no sabemos movernos bien por nuestro mundo emotivo. El sueño nos dice que debemos aplicarnos en aprender a dominar nuestros sentimientos.

Si nadamos perfectamente, el mensaje es que tenemos un buen dominio sobre nuestro mundo emocional, que nos manejamos bien por él y, por tanto, hemos de ejercerlo en cualquier decisión o vivencia emocional que se nos presente.

NAIPES (Ver baraja).

NARANJA

El sueño con naranjas augura abundancia y felicidad. A veces puede referirse al encuentro de nuestra pareja ideal, nuestra "media naranja".

NARIZ

La nariz nos sirve para ejercer el sentido del olfato. Soñar con una nariz grande puede simbolizar que hemos de trabajar con mayor olfato (intuición) en nuestra vida diaria. También simboliza nuestro miedo a que se descubran nuestra mentiras, por asociación con el cuento de "Pinocho". Si soñamos con una nariz pequeña, significa que no hacemos uso de nuestra intuición para resolver situaciones. "Utiliza tu intuición y todo te irá mejor": ese es el mensaje.

NAUFRAGAR

Si naufragamos en sueños es señal de que hay un peligro de naufragio en la vida real. El sueño nos informa de que hemos construido o estamos a punto de construir nuestro mundo sentimental de forma errónea y corre el peligro de irse a pique. También puede referirse a nuestros negocios o nuestros proyectos actuales. El mensaje es: "Cambia de rumbo, rectifica (construye un nuevo barco más resistente) y todo volverá a estar en calma".

NAVAJA (Ver cuchillo).

NÁUSEAS

Puede ser que nos hayamos acostado con el estómago lleno o hayamos bebido un poco de más. Si no es así, el sueño nos informa de que hay algo que no digerimos y que no aceptamos que se incorpore a nuestra conciencia. Puede ser algo que nos están proponiendo y que no se ajusta a nuestra ley interna, algo que advertimos como podrido y en mal estado. El mensaje está claro: no hay que hacer aquello que advertimos que puede ser pernicioso para nuestra salud mental.

NEVERA (Ver Frigo)

NIEBLA

La niebla nos impide ver el camino por donde vamos y, por tanto, nos provoca un sentimiento de confusión. El significado de este sueño parece ser el mismo: no acertamos a ver bien, tenemos cierta confusión, quizá sentimental, por la asociación de la niebla con el agua, y no podemos ver nada más. El mensaje de este sueño es que tenemos que hacer lo posible por disipar esta niebla (evitar esta influencia, esta confusión sentimental) y, entonces, veremos claro para actuar en los demás ámbitos.

NIEVE

Soñar con nieve indica un enfriamiento de nuestras emociones. El mensaje nos avisa para que no nos dejemos enfriar, pues si lo hacemos, el paisaje de nuestra vida se tornará frío y congelado y no podrá florecer nada, es decir, nos faltará la alegría y la felicidad que produce un estado sentimental normal.

NIÑO

El niño en los sueños está relacionado con el hijo del alma. Soñar con él nos informa de su estado, de que hemos de cuidarlo y alimentarlo para que un día se produzca esa transformación, ese segundo nacimiento que nos ha de devolver nuestro verdadero rango de hijos de Dios.

También puede significar un deseo de volver a la niñez o de aprender a ser como un niño para poder entender ciertas cosas y disfrutar de todo lo bueno que hay a nuestro alrededor y nuestra categoría de adultos nos impide ver.

NOCHE

Los sueños que ocurren de noche pueden indicar que el alma está pasando por un periodo poco claro, una etapa triste de su recorrido en la que no acierta a ver claro y le albergan toda serie de dudas sobre la existencia, Dios y la vida. Si soñamos que estamos atravesando un camino en la noche indica que esta parte de nuestro recorrido hemos de hacerla con poca claridad: tristeza, duda, pesadumbre, dolor. Pero, así como tras la noche viene el día, tras nuestros sentimientos sombríos y negativos vendrá la certidumbre y la alegría de vivir. El sueño nos recomienda paciencia para esta etapa de nuestra vida.

NORTE

El norte en los sueños está relacionado con recuperar la orientación en la vida. Indica el camino del Yo, el sendero espiritual. Soñar que tomamos el camino del norte, significa: "No pierdas el norte, recupera tu camino espiritual en la vida".

NUBES:

Soñar con las nubes nos habla, por un lado, de sentimientos elevados y espirituales, y, por otro, de estar en Babia, literalmente: "Estar en las nubes". Si soñamos que vamos recostados en una nube indica lo segundo, que estamos en las nubes, esto es, que estamos despistados y no prestamos atención. Si las vemos pasar a nuestra altura, significa que hemos de cultivar elevados sentimientos.

OASIS

Un oasis es un lugar de refugio en el desierto, donde se puede descansar y calmar la sed. Soñar con un oasis significa que habrá un descanso para nuestros sentimientos. Después de un periodo duro y difícil, en el que la falta de cariño ha sido el "pan nuestro de cada día", llegamos a otra etapa en la que recibiremos el cariño y amor que no hemos tenido. Pero, ¡ojo!, solamente se trata de un descanso, más adelante tendremos que seguir el camino por el desierto hasta llegar a algún lugar civilizado. O lo que es lo mismo: hasta alcanzar cierta estabilidad emocional. Hay que tener en cuenta que si no recibimos cariño es porque nosotros tampoco somos muy generosos en ese tema. Por lo que el sueño invita también a que expresemos nuestro amor a los demás.

OBEDECER

Si en sueños desobedecemos a un superior o a nuestro padre o madre, significa que no queremos someternos a nuestra autoridad moral interior. El sueño sugiere que hemos de obedecer a nuestras propias leyes morales, pues lo contrario significa ir en contra de nuestro Yo superior y nuestro propio código interno. Lo que nos traerá complicaciones.

OESTE

El Oeste en Astrología es la casa VII, la cual está relacionada con los demás, el cónyuge, el complemento, los socios, los aliados... Si soñamos con el Oeste el significado tiene relación con ellos. Indica que ha llegado el momento de establecer una relación o una unión para poder funcionar mejor en la sociedad que nos rodea. "Asóciate, haz causa común y todo te irá mejor".

OGRO

Si soñamos con ogros, a no ser que se trate de niños y sea debido a la influencia de algún cuento, indica que hemos de tener cuidado, pues es posible que nos estemos volviendo un poco crueles. El sueño nos invita a corregir esta tendencia para no acabar mal, como los ogros de los cuentos.

OÍDOS (Ver orejas)

OJOS

Los ojos se relacionan con la toma de conciencia. Cualquier cosa que le ocurra al ojo hay que interpretar que le pasa a la conciencia. Si perdemos vista, indica que no estamos tomando conciencia de las cosas, no reflexionamos sobre lo que nos pasa, no nos fijamos en el mensaje de los símbolos, no sacamos conclusiones para aprender de las experiencias. Soñar que nos quedamos ciegos es un caso extremo del significado anterior: sugiere que no aprendemos nada de lo que nos pasa y caminamos a ciegas por la vida, por lo que podemos cometer todo tipo de locuras y atrocidades. Este sueño es un mensaje para que recuperemos inmediatamente la cordura y empecemos a tomar urgentemente conciencia de las cosas.

OLAS

Las olas representan la agitación de las emociones. Ver un mar en calma significa equilibrio y paz interior; si vemos un mar con intenso oleaje indica que tenemos las emociones agitadas. Es un aviso para que pongamos calma en ellas antes de que produzcan algún daño. Si andamos sobre las olas, indica que estamos por encima de nuestras emociones, aunque éstas sean agitadas, y podemos dominarlas.

OLFATO (Ver nariz)

OLLA

La olla sirve para mezclar varias clases de alimentos. Los alimentos en sueños no se refieren al alimento físico, sino al espiritual. Soñar que cocinamos en una olla sugiere la necesidad de mezclar bien los conocimientos espirituales y no utilizar conocimientos que no mezclen, pues pueden hacernos daño. También nos habla del arte de buscar el punto de unión en todos ellos.

En los últimos tiempos también han entrado a formar parte de nuestro vocabulario expresiones como: "Se te va la olla", cuyo significado es: "se te va la cabeza". En este sentido la olla puede simbolizar nuestra cabeza. Lo que le ocurra, pues, con la olla de nuestros sueños será lo que le ocurre a nuestra cabeza.

ÓPERA

La ópera, al igual que el teatro, simboliza la misma vida. Lo que ocurra en ella es lo que nos ocurre en nuestra vida. Si somos protagonistas en la función, es que seremos protagonistas en la vida real; si protagonizamos una escena de celos, significa que los celos pueden perjudicarnos. Cualquier cosa que nos ocurra hay que analizarla en el sentido simbólico y relacionarla con las cosas de nuestra vida real.

OPERACIÓN

Cada órgano del cuerpo tiene su correspondencia simbólica. Si soñamos que nos operan el corazón significa que hemos de extirpar una tendencia negativa, puede ser un amor o una predisposición a la inmoralidad; si nos operan las manos indica que hemos de dejar cierto tipo de actos que no nos hacen bien; Si nos operan el estómago, no hemos digerido algún tipo de sentimiento. Si no nos operásemos estos órganos (extirpásemos la tendencia negativa) podrían causarnos graves problemas.

ORDENADOR

El ordenador se ha incorporado recientemente a nuestras vidas y, por ello, ha pasado a ser un símbolo importante y a formar parte del inconsciente colectivo. El símbolo más simple es el siguiente: El disco duro simboliza el inconsciente, y la memoria RAM es el consciente. Soñar que no podemos borrar algo del disco duro, indica que hay recuerdos que ya no nos sirven y que no sabemos como borrar del inconsciente. El significado de este sueño es el siguiente: "Hay recuerdos de tu pasado que pensabas que ya habías borrado, pero siguen en tu inconsciente y no sabes como deshacerte de ellos. Busca una forma de borrarlos para que no puedan hacerte ningún daño".

También podemos soñar que se nos cuela un virus que amenaza con destruir todos nuestros archivos. Esto significa que hemos de protegernos de tendencias indeseables que amenazan con destruir todo nuestro conocimiento y experiencias en la vida. Podríamos seguir analizando sueños con ordenadores, pero suponemos que el lector ya ha encontrado el hilo conductor que le permitirá interpretar cualquier sueño con el ordenador.

OREJAS

La oreja sirve para oír y escuchar. Soñar con unas orejas grandes indica que hemos desarrollado una capacidad que nos permite escuchar a los demás, lo que hoy en día no abunda. Soñar con orejas pequeñas, significa que no sabemos escuchar y, por tanto, debemos hacer todo lo posible por escuchar un poco más a los demás. Un defecto en la oreja sugiere un defecto en la escucha, tal vez no interpretamos bien lo que la gente quiere transmitirnos.

ORO

El oro es el símbolo más valioso, pues se relaciona con el Sol, el conocimiento, la riqueza, la perfección. Como metal es el que tiene un valor inalterable y permanente. Soñar que encontramos oro, significa que poseemos estos valores en nuestro interior y que, a poco que escarbemos, saldrán al exterior.

OSCURIDAD

La oscuridad en los sueños se relaciona con un periodo de confusión y tristeza en la vida (Ver Noche).

OTOÑO

El otoño suele aparecer en sueños cuando nos hallamos al final de un período, que, para algunos, puede ser el otoño de su vida. Es una forma de hacernos tomar conciencia de que hemos llegado a la vejez y que hemos de vivir de acuerdo a esta etapa de nuestra vida, aceptándola; de lo contrario, podemos tener desajustes en nuestra personalidad. Si somos jóvenes, entonces el sueño nos habla del final de algo: puede ser una relación, un negocio, etc.

OVEJA (Ver cordero)

PADRE

El padre representa las energías espirituales. Cuando aparece el padre físico en sueños casi siempre se trata de un mensaje de nuestra relación con el Padre Eterno. Si soñamos con nuestro padre, debemos intentar recordar al máximo cada palabra, cada cosa que ocurre con él para analizar muy bien su mensaje. Si recibimos consejos, guía, forma en la que debemos actuar, debemos hacerle caso, pues es señal de que necesitamos una orientación en nuestra vida. Si el sueño nos habla de un conflicto con nuestro padre físico, seguramente traduce un conflicto con el Padre Eterno. Así, pues, los sueños en los que aparece nuestro padre no deben pasar desapercibidos, debemos hacer un esfuerzo por encontrar la correcta interpretación.

PAISAJE

El paisaje de los sueños está integrado por una serie de elementos que hay que interpretar, formando un todo. Generalmente, un paisaje frío se refiere a falta de sentimientos, mientras que un paisaje demasiado cálido quizás exprese una pasión excesiva. El conjunto del paisaje nos dará una interpretación correcta.

PAJA

La paja constituye un material poco estable y un tanto débil. Hay que tener presentes frases como: "Separar la paja del buen grano", "este libro tiene mucha paja", "esta casa es de paja". Estas expresiones simplemente reflejan que la paja es algo sin valor, que a veces se utiliza incluso para rellenar hueco, como en el caso de las novelas o de los libros que se escriben. Soñar que amontonamos paja, significa que guardamos cosas sin valor en nuestra vida. Soñar que vivimos en una casa de paja o en una choza, indica que nuestra estancia o nuestra vida, en el lugar en el que estamos actualmente, será breve.

PÁJAROS

Los pájaros simbolizan las ideas, los pensamientos. También se relacionan con la libertad. Si soñamos con pájaros que vuelan hacia arriba, sugiere que hemos de elevar el pensamiento, que nuestras ideas o nuestros pensamientos deben elevarse hacia lo espiritual, y cuanto más se eleven más libres nos sentiremos. Si soñamos con un nido de pájaros, indica que estamos desarrollando una serie de ideas que pueden hacernos más libres, que cuando sean exteriorizadas nos reportaran grandes satisfacciones. Un pájaro que se posa en la tierra indica que esa idea que tenemos debe hacerse realidad, debe llevarse a la práctica.

PALA

Cavar en sueños con una pala indica la necesidad de buscar, en cosas olvidadas del pasado, en experiencias pasadas, para encontrar una información que nos pueda ser útil en el presente.

PALOMA

La paloma tiene mucha simbología. Se asocia con la paz, con las bellas ideas, con el Espíritu Santo, con el Yo superior. Para interpretar los sueños en los que aparecen palomas hay que analizar todas las circunstancias del sueño. Si se posa una paloma en nuestra cabeza significa que nuestro yo Superior va a tomar las riendas de nuestra vida. Si vemos una paloma muerta indica que una bella idea ha muerto en nosotros, quizá se refiera a la idea que teníamos de la paz. Si la vemos con una rama de olivo en la boca sugiere que hemos de buscar paz y armonía en aquello que estamos haciendo.

PAN

El pan simboliza nuestra misión en la Tierra, el trabajo que hemos venido a realizar. La semilla de trigo está relacionada con la semilla espiritual que todos traemos como potencial. Soñar con pan significa que tenemos que trabajar nuestra semilla espiritual, que no debemos dormirnos en nuestra tarea esencial en esta vida. Comerlo indica que hemos de desarrollar nuestro Cristo interior, que hemos de alimentarnos espiritualmente.

PANAL (Ver abeja)

PANTANO

El pantano se relaciona con estar "empantanado". Soñar con él nos habla de nuestras dificultades sentimentales. No estamos seguros o sentimos que nos podemos hundir en cualquier momento. Nos encontramos, sentimentalmente hablando, en un terreno difícil e inseguro. El sueño nos habla de salir del pantano, de poner orden en nuestros sentimientos y volver a "tierra firme" y a "aguas claras".

PANTERA

La pantera simboliza los instintos femeninos más bajos y salvajes. Soñar con ella tal vez se relacione con alguna mujer en la vida real, o con nuestros propios instintos salvajes y violentos. El mensaje nos aconseja, en el primer caso, apartarnos de ella; y en el segundo, dominar nuestros bajos instintos con nuestra razón y nuestra mente.

PAPA

Soñar con el papa puede hablarnos de nuestra relación con nuestro padre o con Dios (ver padre).

PARAGUAS

La lluvia se relaciona con los sentimientos puros, pues es agua que cae de arriba, y el agua simboliza los sentimientos. Si nos protegemos con un paraguas tal vez signifique que tenemos miedo a los sentimientos puros, al amor sincero que nos ofrece alguien y, por eso, nos protegemos.

PARAÍSO

Soñar con el paraíso puede esconder un deseo de volver a ese Jardín del Edén de antes de la Caída". O quizá vemos en sueños nuestro paraíso anhelado, aquel lugar donde nos gustaría estar o vivir. La interpretación de este sueño puede hablarnos de nuestro deseo de estar en él evadiéndonos de nuestras responsabilidades. El mensaje es el siguiente: "Si quieres estar en el paraíso, ponte a trabajar por él. El verdadero Paraíso tienes que labrarlo primero en tu interior".

PARÁLISIS

Sufrir una parálisis en sueños equivale a estar "paralizado" en la vida real. El sueño nos informa de que debemos vencer los miedos, las dudas y las indecisiones que nos mantienen en esa situación. Si lo que se nos paraliza es sólo una parte del cuerpo, hay que interpretar el símbolo que se refiere sólo a esa parte.

PARÁSITOS

Soñar con parásitos indica que debemos protegernos de los vagos y vividores que pretenden aprovecharse de nuestra energía y vivir a nuestra costa.

PARED (Ver muro)

PARTO (Ver alumbramiento).

PASTEL

Soñar con un pastel augura celebración y reparto de bienes.

PASTOR

El pastor simboliza al guía y al maestro espiritual (Cristo es el gran pastor). Si somos nosotros el pastor en sueños indica que ha llegado el momento de convertirnos en guías de los demás. Si el pastor nos da algún consejo hay que estar muy atento al símbolo, pues tal vez se trate de una orientación importante en nuestra vida.

PECES

El agua simboliza el mundo emotivo, y los peces, sentimientos concretos. Si soñamos con peces pacíficos y hermosos, significa que tenemos sentimientos tranquilos y bellos, que son los que hemos de seguir cultivando. Si los peces son agresivos y violentos indica la necesidad de dominar nuestros sentimientos instintivos para no hacer daño a nadie.

PELEA (Ver lucha)

PELO

Simboliza la fuerza y la energía que nos da poder (Ver cabellos).

PELÍCULA (Ver cine)

PELOTA

Vernos jugando a la pelota indica un deseo de volver a los juegos infantiles para huir de las preocupaciones diarias.

PELUCA

Si el pelo simboliza la fuerza y la energía que nos da poder, llevar peluca significará que queremos aparentar una fuerza y una energía que, en realidad, no poseemos: o también que tenemos miedo a mostrarnos como somos, a que conozcan nuestros pensamientos o nuestra inteligencia.

PERDER

Perder algo en sueños indica la necesidad de desembarazarse de algo. Puede que se trate de una relación, un negocio, una forma de ser. Para saber qué es lo que debemos perder de vista hay que analizar el símbolo de aquello que perdemos. Si perdemos la cartera o el bolso significa que no nos gusta nuestra personalidad ni nuestros pequeños secretos y no sabemos cómo desembarazarnos de ella. El mensaje del sueño, en este caso, es que hemos de cambiar poco a poco, hasta llegar a construir una personalidad a nuestro gusto.

PERDERSE

Perderse en sueños indica nuestra falta de motivación, de concentración. En nuestra vida real no encontramos nuestro centro, hemos perdido el camino, el hilo de nuestra vida. El sueño es una invitación a recuperar la ilusión, centrándonos en aquello que nos gusta. En definitiva, volver a encontrar nuestro quehacer en la vida, dejando de lado las cosas que no tienen importancia.

PEREGRINO

Todos somos peregrinos en esta vida. Nuestra verdadera patria es el Cielo. Soñar con un peregrino nos informa de esa idea de carácter transitorio que tienen las cosas. Si nos soñamos peregrinos es señal de que lo que estamos haciendo no tiene carácter indefinido. Sea lo que sea es pasajero. Si vamos en peregrinación a un lugar sagrado el significado es que, aunque no lo sepamos, nuestra meta es sagrada y debemos tener fe y esperanza en que llegaremos a ella.

PERFUME

El perfume se relaciona con el mundo espiritual. A veces los espíritus hacen notar su presencia mediante un determinado perfume. Otras veces, nuestro perfume es agradable a la Divinidad, lo que quiere decir que nuestras obras son vistas con buenos ojos por el mundo divino.

PERRO

El perro simboliza la fidelidad, la amistad, la gratitud, la ayuda, la protección, la compañía..., sobre todo los perros caseros. Lógicamente estos símbolos son para los perros equilibrados y que están en libertad la mayor parte del tiempo, que son cada vez más, gracias a Dios. Los perros a los que se tiene atados, se les pega, no se les da bien de comer, etc., simbolizas nuestros instintos bajos y violentos. Si en sueños alimentamos a un perro, le acariciamos o jugamos con él, significa que controlamos y estamos transformando nuestros instintos haciendo que sirvan para algo útil y, lógicamente, cultivamos la amistad, la fidelidad, etc. Pero si soñamos que un perro nos ataca, nos indica que todas las cualidades que hemos enumerado referentes al perro corren peligro y que no dominamos nuestros bajos instintos, lo que nos puede acarrear algún que otro disgusto. Si soñamos que un perro nos da miedo, nos sugiere que nos da miedo la amistad, la fidelidad, etc. Por lo que es urgente que pongamos remedio y nos enfrentemos cuanto antes con este problema.

PESCAR

Puede sugerir este sueño la idea de encontrar o atrapar a alguien. Tal vez se trate de encontrar pareja debido a la relación de los peces con los sentimientos.

PIEDRA

Las piedras nos trasmiten la idea de estabilidad, duración y dureza ("Eres duro como una piedra"). Soñar con piedras puede sugerirnos cualquier idea que se relacione con esto. Si nos vemos o vemos a alguien convertirse en una piedra, significa que nos hemos vuelto rígidos y duros, por lo que se nos aconseja cambiar esta actitud cuanto antes. Si nos tiran piedras, hemos violado nuestra ley interna, nuestro código moral, y vamos a tener consecuencias negativas. Si escribimos algo sobre las piedras, debemos recordar algo constantemente y por mucho tiempo.

PIERNA (ver amputación)

PIES

Los pies se relacionan con el signo de Piscis que, al ser un signo de agua, tiene que ver con las emociones. Lavarlos puede significar que tenemos necesitad de limpiar nuestros sentimientos, que podemos estar actuando de forma reprobable en algún asunto sentimental o emocional.

(Ver también callo, amputación y zapatos)

PISTOLA (Ver armas)

PLÁTANO

El plátano tiene relación con la sexualidad masculina y simboliza la fertilidad. Por lo que este sueño hay que interpretarlo según la circunstancia.

PLANETAS

Soñar con los planetas supone entrar en contacto con la energía que mueve el Universo. Cada planeta tiene su simbología. El Sol representa el Yo superior, la energía vital; Mercurio, la comunicación; Marte, la agresividad, el trabajo; Venus, el amor sensual; la Tierra, nuestra personalidad material; Júpiter, la expansión; Saturno, la ley; Urano, el altruismo; Neptuno, la espiritualidad; y Plutón, la regeneración. Soñar con cualquiera de ellos sugiere que debemos integrar sus energías, aprender a trabajar con ellas.

POLICÍA (Ver autoridad)

POZO

El pozo simboliza las emociones más profundas del inconsciente. Soñar que sacamos agua de un pozo, significa que una antigua emoción vuelve a hacernos sentir bien o que tenemos que utilizar los recursos sentimentales más profundos de nuestro inconsciente. El pozo también se relaciona con la sabiduría ("Es un pozo de sabiduría"). En este sentido, sacar agua y darla a los demás indica que hemos de exteriorizar nuestro conocimiento para beneficio de los demás.

PRIMAVERA

La primavera simboliza el comienzo, el renacer, el crecimiento. Un paisaje primaveral en el sueño sugiere la idea de que estamos en un periodo en el que está a punto de surgir un cambio favorable en nuestra vida, donde todo va a florecer.

PRINCESA / PRÍNCIPE

En los cuentos, la princesa y el príncipe simbolizan el espíritu y el alma humana respectivamente (Ver dragón)

PRISIONERO (Ver cárcel)

PROSTITUTA

Soñar con una prostituta, significa que queremos obtener beneficios trabajando de forma ilegal. El mensaje nos avisa para que tomemos conciencia de que los frutos que la vida nos entrega hemos de ganarlos de forma legal y no al margen de la ley.

PUENTE

El puente simboliza el paso de un estado de conciencia a otro, una forma de vida a otra distinta. Soñar con un puente roto indica nuestra incapacidad para dar este cambio. De alguna manera, no hemos construido un puente perfecto para pasar. El sueño sugiere la necesidad de arreglarlo, esto es, de modificar y adquirir aquellas cualidades que nos faltan para poder dar este paso.

También un puente puede hablarnos de nuestra capacidad para establecer conexiones entre las personas. En este sentido si construimos un puente el mensaje es: "Une a las personas, unifica puntos de vista, trabaja para la unión entre los pueblos".

PUERTA

La puerta simboliza algo parecido al puente: el paso de un estado de conciencia a otro. Si es la puerta de nuestra casa, indica la entrada a nuestro interior. Si se trata de otra puerta sugiere un cambio importante que estamos a punto de realizar en nuestra vida. Soñar que no podemos abrirla indica que nos creamos obstáculos o que no sabemos cómo dar este paso. En el último caso, la respuesta estará en la circunstancia del sueño, por lo que hay que analizarlo muy a fondo. Tal vez se trate de un cambio espiritual importante en nuestra vida, pues ya dijo Cristo que Él era la Puerta.

PUTREFACCIÓN

Cuando algo muere entra en un estado de putrefacción hasta que se consume por completo. Soñar con materias putrefactas, significa la desintegración de tendencias espirituales, mentales o sentimentales que deben morir para dar paso a otras nuevas. El sueño de putrefacción ocurre cuando estamos apegados a ellas y no nos fácil desprendernos de forma normal. El mensaje del sueño es: "Despréndete de aquellas tendencias que ya no te sirven para el paso evolutivo que quieres dar".

QUEMADURAS

El fuego simboliza la fe, el entusiasmo, la espiritualidad, el calor humano. Las quemaduras se producen por un descuido ante el fuego o por un exceso de calor. Si soñamos con quemaduras, es señal de que un exceso de fe, entusiasmo, espiritualidad o calor humano está produciendo un daño. Tal vez se trate de discusiones acaloradas sobre la religión. o que estamos poniendo demasiado entusiasmo en trasmitir nuestros conocimientos, y esto hace la convivencia un poco difícil.

QUEJA

Sentir compasión de nosotros mismos en sueños sugiere que hemos de afrontar la vida de forma más positiva. Las quejas lo único que producen son molestias en quienes nos escuchan. El mensaje del sueño nos aconseja dejar de lamentarnos. Si hemos sufrido una pena reciente, entonces el sueño refleja esta situación, que hemos de hacer lo posible por que no se prolongue demasiado.

QUIRÓFANO (Ver operación)

RABO

Si en sueños vemos que nos crece un rabo, significa que hemos realizado algún tipo de acción últimamente que se considera demoníaca. En este caso, lo importante es tomar conciencia y formular la resolución de no volver a repetirlo en el futuro. De nada sirve lamentarnos y abrigar un sentimiento de culpa.

También puede interpretarse este sueño como una alusión al miembro viril masculino.

RADAR

El radar sirve para captar objetos que se mueven en un radio de acción. Soñar con un rada nos informa de nuestra propia capacidad para captar mensajes, nuestra intuición. Soñar con él indica que tenemos intuición para captar los mensajes de la vida y que debemos acudir más a ella para resolver problemas.

RADIO

La radio simboliza la comunicación cuya principal característica es la información. Escuchar la radio en sueños indica que hemos de estar atentos a lo que ocurre a nuestro alrededor. Quizá no estamos prestando la suficiente atención y es más importante de lo que nos creemos.

RANA

La rana no es un animal muy agradable: es un poco repugnante. De hecho en los hechizos se solía convertir a los príncipes en ranas. Soñar con una rana es un aviso de degradación moral, de bajeza de alma. Esta degradación puede estar en las personas que nos rodean o en nosotros mismos. El sueño nos avisa de que nos hemos convertido en seres feos y un poco repugnantes de alma. Hemos dejado que nuestra alma se degrade moralmente, y sólo volveremos a ser como antes si se deshace el hechizo, es decir, si nos besa una princesa y nos devuelve a nuestro estado natural de príncipe. Este beso representa el amor, lo que indica que únicamente amando y amándonos podremos volver a ser lo que éramos.

RASCACIELOS

Los rascacielos simbolizan la ambición y la soberbia materialista . Acordémonos de la torre de Babel. Si soñamos con un rascacielos, hemos de analizar si estamos siendo soberbios y materialistas en la vida real. Si es así, el sueño nos invita a dejar de serlo y practicar un poco la humildad.

RATA / RATONES

Los roedores representan los desasosiegos y aquello que nos "roe" por dentro. También indican lo más bajo y rastrero ("Eres una rata asquerosa"). Soñar con ratas o ratones nos previene contra aquello que no nos deja en paz y que puede ser la voz de nuestra conciencia que nos avisa contra alguna bajeza moral, algún mal que hemos hecho. También puede prevenirnos contra seres sin escrúpulos y rateros.

RAYO

El rayo está relacionado con las fuerzas de la naturaleza que destruyen lo que encuentran en su camino. Es el símbolo del poder destructor de la divinidad, que está relacionado con el planeta Urano. Si soñamos con rayos que destruyen nuestra casa o nuestras posesiones, lo que se nos impone es un cambio brutal, un cambio repentino en el que tendremos que empezar a partir de cero.

RED

Los sueños en los que aparece una red suelen indicarnos que nos sentimos atrapados en alguna situación. Estar dentro de una red luchando por salir de ella, indica que estamos atrapados por un sentimiento, por un vicio o por una idea. El sueño significa que debemos hallar la forma de salir de ella, que no debemos sentirnos atrapados por nada y que hemos unirnos a algo o a alguien de forma libre y voluntaria.

La red de nuestros sueños también puede hacer alusión a Internet. En este caso el sueño hay que interpretarlo según la circunstancia particular de cada uno, pues Internet significa una cosa para cada persona, ya que es muy novedoso. En general, simboliza el inconsciente colectivo.

REINA (Ver rey)

RELÁMPAGO (Ver rayo)

RELOJ

El reloj sirve para medir el tiempo. En sueños es el símbolo del transcurrir de la vida. Ver en sueños un reloj funcionando indica que ha llegado la hora de empezar algo. Quizá veamos un reloj en un colegio, entonces el sueño nos sugiere que hemos de empezar algún tipo de estudio. Si lo vemos en una estación, indica que ha llegado la hora de partir... Si vemos un reloj parado, significa que no avanzamos, que hemos detenido nuestra evolución, y la sugerencia es que tenemos que arrancar cuanto antes; si lo vemos atrasado, lo que nos sugiere es que debemos darnos más prisa, que vamos atrasados y corremos el riesgo de que se nos amontone el trabajo; si, en cambio, lo vemos adelantado, es señal de que vamos demasiado deprisa, por lo que deberemos hacer las cosas con un poco más de calma si no queremos que se resienta nuestra salud.

REMAR

El agua simboliza los sentimientos. Vernos remando una barca indica que debemos manejarnos en el agua de nuestros sentimientos. Lo que equivale a saber conducirnos y maniobrar para llevar el rumbo que queremos, sentimentalmente hablando.

RENDIRSE

Rendirse en sueños, significa renunciar a algún tipo de lucha y ponernos a las órdenes de quien resulta vencedor. Soñar que nos rendimos es una forma de decirnos que hemos renunciado a ciertos principios morales a favor de la obtención de ventajas materiales. El sueño es augurio de suerte en el mundo material, pero a cambio de renunciar a la lucha por lo más noble y bueno que hay en nosotros. Si el que se rinde es el enemigo, entonces el sueño nos habla de una victoria de nuestro Yo superior, aunque, al mismo tiempo, deberemos renunciar a ciertos privilegios materiales.

REPTILES

Exceptuando las serpientes y las tortugas, que tienen un significado distinto (véase), los reptiles suelen simbolizar las fuerzas más voraces de nuestros instintos. Si nos ataca un reptil en sueños, es señal de que nos estamos dejando atacar por nuestros más voraces instintos, lo que arruinará nuestra existencia; este dejarnos llevar por nuestros instintos se adueñará de nuestra voluntad y decidirá cosas contrarias al camino que debe seguir nuestro Yo superior. El sueño nos invita a dominarnos para poder tomar las riendas de nuestra vida.

RESBALAR

Resbalar en sueños equivale a pisar suelo resbaladizo en la vida real. Puede tratarse de negocios oscuros, escarceos amorosos o cualquier otro asunto que nos terminarán llevando a la ruina. El sueño nos avisa para que nos sigamos haciendo este tipo de cosas.

RESCATAR

El rescate es un hecho muy conocido, tanto en los cuentos de princesas rescatadas por el caballero (véase dragón) como en los rescates modernos de personas secuestradas por bandas organizadas. En cualquiera de los dos casos, el sueño trata de informarnos de lo mismo: el rescate de lo mejor y más bello que hay en el hombre del dominio de los instintos. El sueño nos avisa que, haciendo un esfuerzo, lograremos liberarnos de una situación en la que dominan nuestros instintos, lo que equivale a decir que nuestras bajas pasiones nos degrada, moral, intelectual, sentimental y físicamente.

RETRASO (Ver reloj)

RETRATO (Ver fotografías)

RETRETE

El cuarto de baño sirve para limpiarnos diariamente, tanto por fuera como por dentro. También es un lugar íntimo, por lo que, contrariamente a lo que podría suponerse de que es un lugar sucio, es el sitio donde nos aseamos y nos sentimos en la intimidad. Por tal motivo, los sueños en donde nos vemos en el servicio son sueños donde nos liberamos de energías que ya no nos reportan nada. Si estamos en el retrete y no podemos evacuar o lo hacemos con dificultad, significa que en nuestra vida diaria utilizamos energías que ya han hecho su cometido y debemos soltarlas, pues de lo contrario se convertirán en una carga, un lastre para nuestra evolución y terminarán creándonos dificultades.

REZAR

Rezar en sueños indica la necesidad de contar con la Divinidad para aquello que nos traemos entre manos. Puede ser que necesitemos un tipo de ayuda que no es física ni material. El sueño nos avisa de que hay cosas que no podemos hacer solos, o que con ayuda divina nos saldrán mejor las cosas.

REY

El rey representa la más alta autoridad de un Estado. En sentido simbólico se relaciona con el padre (ver), con el Yo superior y con la figura de Dios. En un plano más cercano es la tendencia dominante en nuestra psique, pero en los sueños, el rey suele ser el arquetipo de lo perfecto. Si soñamos que es más alto de lo que nos parecía, indica que la Divinidad, nuestro Yo superior, o lo más alto y sagrado que hay en nosotros, es mucho más elevado de lo que nos habíamos imaginado.

La reina es el otro polo. Soñar con los dos es la imagen perfecta del alma. Jung decía que la unión de los dos simboliza la unión del consciente con el inconsciente.

En otro contexto, soñar que se da la mano al rey , a la reina, al presidente o gente de la alta sociedad, indica que hay una conexión con lo más elevado que hay en nosotros. Esto se puede traducir a nivel exterior como que podemos obtener favores de los grandes (directores generales, jefes, presidentes, etc.) si acudimos a ellos directamente, sin pasar por intermediarios.

RÍO

El río nos habla de un mundo emocional que fluye. ¿Qué hay en ese río?, ¿están las aguas estancadas?, ¿hay peces o bichos peligrosos?, ¿está el agua turbia?, ¿o clara? Lo que haya en ese río determinará la interpretación. Un río que fluye indica que hay que dejar fluir las emociones sin dejar que aniden en ellas violencias, odios o sentimientos de venganza, que estarían representados en el sueño por toda clase de peces malignos.

RIVAL

Soñar con un rival indica que estamos creando sentimientos violentos en nuestro interior con respecto a algunas personas, lo que ocurre es que no somos quizá conscientes. El sueño simplemente nos avisa creando la figura de un rival. Debemos revisar nuestros sentimientos y evitar toda clase de sentimientos antagónicos.

ROBAR (Ver ladrón)

ROBLE

El roble simboliza la fortaleza física ("Estar como un roble") y el poder. Soñar con él augura fortaleza para alcanzar éxito y poder en nuestras empresas.

ROCA

El simbolismo es el mismo que el de piedra, sobre todo el de dureza, permanencia y solidez (Ver piedra).

ROCÍO

El rocío simboliza las emociones más hermosas y espirituales de renovación, pues desciende de los cielos en la madrugada, antes del comienzo del nuevo día. Soñar con rocío nos habla de una bendición, de los más hermosos augurios de suerte y renovación espiritual.

RODILLAS

Las rodillas se relaciona con la autoridad y el orgullo. Soñar que doblamos la rodilla ante alguien, significa que somos inferiores a ella.

ROJO

El color rojo está asociado simbólicamente a la acción; es el color del planeta Marte, que pertenece al Dios de la guerra.

Si soñamos con rojo, hay que interpretar que viviremos momentos tensos, violentos, de lucha, de peligro... El sueño es un aviso para evitar en lo posible estas situaciones.

ROPA

La ropa en sueños simboliza la fachada o máscara que nos ponemos ante los demás. Es una forma de proteger nuestra intimidad, o un miedo a que los demás sepan como somos en realidad. (Ver desnudarse).

ROSA

La rosa simboliza el amor y la perfección del alma. Como símbolo de amor, si alguien aparece en sueños vestido de rosa, es señal de que nuestro amor se ve correspondido. Si alguien nos entrega una rosa y nos pinchamos con una de sus espinas, significa que llegaremos a la perfección solo después de recorrer un camino doloroso. Si la rosa que nos dan no tiene espinas y advertimos su fragancia, entonces el soñador puede felicitarse pues ha llegado a un punto en el que ha conquistado lo más bello del camino espiritual: la perfección. Es posible que haya alcanzado la perfección en algún punto evolutivo de su camino después de haberlo pasado bastante mal.

RUEDA

La rueda simboliza la necesidad de avanzar, de no quedarnos parados. Significa el empuje constante hacia delante, la rueda de la vida. Perder una rueda en un coche indica que hemos perdido la motivación, aquello que nos empuja a seguir avanzando hacia el futuro. Esto quizá nos informe de que no estamos haciendo lo que realmente necesitamos hacer, o estamos pasando por periodos duros y difíciles en la vida que nos deja sin confianza en el futuro. Lo importante es encontrar qué es lo que no priva de motivación y hacer algo que nos produzca satisfacción y nos devuelva la confianza en la vida.

RUINAS

Si soñamos con ruinas, nos sugiere que nuestra personalidad ha sufrido una destrucción: unas tendencias se han derrumbado para que otras puedan construirse. Es el anuncio de una renovación de nuestra personalidad. Si contemplamos las ruinas con nostalgia, significa que aún conservamos un apego a lo que éramos antes, por lo que es conveniente mirar hacia el futuro y dejar de pensar en el pasado con nostalgia, pues lo que se ha derrumbado ya no nos es útil, ahora debemos trabajar con nuestra nueva personalidad.

SABIO

El sabio que aparece en nuestros sueños y que, a veces, se representa por un anciano, es la imagen nuestro Yo superior. Es algo parecido a la figura del padre o de Dios, pero, en esta ocasión, se trata de la parte, moralmente, más elevada que hay en nosotros. Ni que decir tiene que sus consejos, cuando aparece en sueños, hay que aceptarlos, a pesar de que puedan, en ocasiones, resultar molestos.

SACERDOTE

La interpretación de este sueño depende de las creencias del soñador. No es lo mismo la imagen del cura para un musulmán que para un cristiano que practica el catolicismo o un ateo. Para los católicos, la figura del sacerdote representa un consejero espiritual. En este caso, el sueño es positivo y, a menor escala, sugiere lo mismo que el sabio (véase). En cambio, para los no creyentes, puede ser negativo, aunque también puede ser un representante de su conciencia y, en este caso, el mensaje del sueño le puede ayudar a tomar una elección correcta en su vida.

SACRIFICIO

Los sacrificios casi siempre benefician al que lo hace. Normalmente es una renuncia a algo inferio, porque si no, no puede entrar lo superior. Si nos vemos en sueños sacrificando animales, significa que debemos sacrificar las tendencias violentas y agresivas que hay en nosotros, nuestros bajos instintos, representados por los animales, para que puedan entrar las pacíficas y elevadas. Si lo que se nos pide que sacrifiquemos es nuestra propia vida, es indicio de que hemos de poner nuestra vida al servicio del prójimo. Es una llamada al trabajo espiritual, que nos reportará una recompensa infinita.

SAL

La sal representa la estabilidad y la incorruptibilidad, por su asociación con la conservación de los alimentos. Antiguamente se utilizaba la sal para pagar el salario (salario procede de la palabra "sal"). Cuando nos niegan los alimentos básicos, lo que se nos niega es "el pan y la sal". " Vosotros sois la sal de la tierra": dijo Jesús a sus discípulos". Por todo esto, los sueños en los que aparece la sal hay que interpretarlos como de buen augurio, si nos dan sal; y de mal augurio, si nos la quitan.

SALTAMONTES (Ver langosta)

SALTAR

Si saltamos hacia arriba es un buen augurio, pues significa que hacemos esfuerzos por mejorar nuestra vida, lo que acabaremos obteniendo. Si saltamos hacia abajo, indica que lo que estamos haciendo, nos hará descender de nivel.

SALVAJES

Los salvajes de nuestros sueños representan lo que no hemos dominado, aquellas tendencias que todavía se expresan con relativa frecuencia en nosotros y que no hemos conseguido domesticar. Soñar con salvajes, indica que, tal vez, nos estamos comportando de manera agresiva con nuestros semejantes. El consejo es que debemos revisar dónde estamos siendo así y procurar dominarnos, pues, de lo contrario, podemos tener problemas.

SANGRE

La sangre es el símbolo de la vida y, según algunos autores, es el vehículo del Yo superior. La quintaesencia de todo lo que aprendemos se almacena en la sangre. Por ello, soñar que perdemos sangre indica que estamos perdiendo nuestros bienes más preciados, que son nuestras experiencias que, en definitiva, son lo único, aparte de nuestra alma, que hemos de llevarnos de este mundo.

SAPO

El sueño del sapo es similar al de la rana (véase).

SECUESTRO (Ver rescate)

SED

Soñar que tenemos sed indica una falta de cariño. Nuestras emociones necesitan de una estabilidad. Tal vez estemos pasando por un vacío emocional y necesitamos que alguien lo llene. Si alguien nos pide agua es señal de que no les damos el cariño suficiente. El mensaje nos avisa de que debemos prestarles más atención sentimental.

SEMILLA

Las semillas representan nuestro potencial, aquello que tenemos en germen y que, la mayoría de las veces, no sabemos que lo tenemos. Si soñamos que estamos plantando semillas, nos sugiere que somos portadores de un potencial que, si lo desarrollamos, podemos realizar grandes cosas.

SERPIENTE

La serpiente es un animal que se presta a multitud de símbolos. En los sueños se puede asociar a la tentación y a la parte instintiva, aunque también a la sabiduría, pues Cristo mismo dijo: "Sed sabios como serpientes". En este sentido, si matamos una serpiente en sueños equivale a rechazar la sabiduría qué quiere penetrar en nosotros.

Pero analizar un sueño con serpientes nos podría llevar mucho tiempo. Lo más fácil es que el soñador analice la circunstancia y trate de averiguar que símbolo se acerca más a su forma de pensar: la tentación y el mal, la sexualidad, la sabiduría, el diablo, la parte instintiva, el pecado, el poder curativo...

SERVICIO (Ver retrete)

SIRENA

La sirena de los bomberos, la ambulancia o la policía indica peligro al soñador. Estamos sobrepasando los límites de nuestra propia ley interna y hemos de poner coto.

Las sirenas de mar son seres legendarios cuyo cuerpo es mitad pez y mitad mujer. Los cantos de las sirenas suelen relacionarse con los deseos engañosos que distraen al hombre de sus propósitos. Si soñamos con sirenas es señal de que corremos peligro de dejarnos seducir por las apetencias sexuales, dejando los demás valores por los que, hasta entonces, nos habíamos regido, al margen. El sueño es un aviso para que resistamos fuertemente como resistió Ulises y dejemos el mando a nuestro Yo superior.

SOL

El sol es el arquetipo de la vitalidad, la felicidad y la conciencia. Soñar con un sol que luce potente en el cielo es señal de que se realizarán con éxito todos nuestros proyectos (Ver también Planetas y Cabellos).

SOMBRERO

El sombrero se utiliza como signo distintivo de una clase social. Generalmente está relacionado con las normas sociales y las ideas del portador. Así, ponerse el sombrero en sueños indica que la persona está sometida a unas normas propias de una empresa o una institución, donde se reciben órdenes que hay que cumplir. Si soñamos que nos ponemos el sombrero, nos sugiere que no somos libres al expresar nuestras ideas, sino que estamos sometidos a unas normas, expresamos las ideas del grupo que lleva nuestro mismo uniforme. También ponerse el sombrero en sueños suele indicar que no dejamos que se vean nuestras propias ideas, sino que las tapamos, no nos mostramos sinceros. Así, quitarse el sombrero delante de alguien, significa que, ante esa persona, nos reconocemos inferiores y le mostramos cómo pensamos, sin tapujos.

SÓTANOS

Los sótanos de nuestros sueños tienen relación con nuestro inconsciente, así como la parte visible de la casa simboliza nuestro consciente. Si soñamos que tenemos un sótano repleto de alimentos, entonces el sueño nos habla de nuestra riqueza interior, una riqueza que tal vez no sabemos que poseemos. El sueño nos sugiere buscar en nuestro inconsciente, donde podemos encontrar cualidades importantes de nuestra personalidad.

Si el sótano está sucio y lleno de polvo, es una aviso para que procedamos a una limpieza urgente de nuestro inconsciente. Si está limpio y ordenado, indica que nuestro interior más profundo también lo tenemos limpio y ordenado. Del estado de nuestro sótano soñado dependerá el estado de nuestra personalidad más profunda de la que normalmente somos inconscientes.

SUICIDIO

Un suicidio en sueños se relaciona con el final violento de algo que no le hemos permitido desarrollarse. Suicidarse en sueños equivale a frustrar un plan, una misión. Indica que nuestra personalidad material no está de acuerdo con nuestro Yo superior y decide plantar cara a su proyecto. El sueño viene a decirnos que debemos aceptar nuestra misión en esta vida con resignación y buen humor, y, poco a poco, nos iremos sintiendo mejor. La tristeza y la melancolía son producto de vivir de espaldas al Yo superior. Casi siempre los sueños de suicidios se refieren a que, por miedo, por prejuicios infundados, por creer que no va a dar los resultados deseados, dejamos, de forma voluntaria y premeditada, que algo: un proyecto, una tendencia, un potencial..., muera antes de desarrollarse por completo. El sueño nos invita a enfrentarnos con ello y dejar que se desarrolle, aunque lo pasemos mal durante un tiempo. Seguramente, si lo hacemos así, pasando la "noche oscura", nos sentiremos muy felices y con el sentido del deber cumplido.

SUR

El sur simboliza las raíces, la base. En Astrología está relacionado con la casa IV, símbolo de la madre. Soñar que tomamos la dirección del sur en sueños equivale a que debemos profundizar en nosotros mismos: en nuestras raíces, en nuestros fundamentos. También indica que hemos de acercarnos un poco a nuestra madre, o profundizar un poco más en los asuntos cotidianos.

TEATRO

El teatro de nuestros sueños es el escenario de ese otro gran teatro del mundo. El papel que representamos en él es el papel que estamos representando en la vida. Si nos dan un papel y lo hacemos mal, indica que no estamos interpretando correctamente el papel que hemos traído a representar en esta vida. Y, al no hacerlo bien, las cosas nos pueden salir mal. Si, en sueños, alguien nos dice que interpretemos un papel cómico, el mensaje es que debemos tomarnos menos serio nuestro papel en esta vida. Si nos vemos haciendo un papel de payaso", donde se ríe todo el mundo y alguien nos dice: "Cambia de personaje", quizá se nos intente decir que, en la vida real, nos comportamos como tales, nos hemos salido de nuestro guión y debemos parecernos más al personaje que nos ofrecen hacer.

TEJADO

El tejado supone la protección y el cobijo que recibimos. Si tenemos goteras, supone que estamos desprotegidos y abiertos a ataques emocionales. Encontrarnos en él indica que estamos desprotegidos frente a cualquier ataque de viento (ideas) y lluvia (sentimientos). Un exceso de protección también puede ser negativo, pues indicaría que no estamos dejando que penetre la fuerza espiritual que viene de arriba.

TELARAÑA: (Ver araña)

TELÉFONO

El teléfono es un medio de comunicación y hoy en día, a través de los móviles, se ha convertido en algo de lo más básico y normal. Hablar por teléfono indica una necesidad de comunicarnos con los demás, aunque no se encuentren cerca, o con una parte de nosotros mismos. Si nos llaman por teléfono en sueños, es señal de que existe información de la que no somos conscientes. Tal vez es una información procedente de nuestro inconsciente. El mensaje es que debemos comunicarnos más con nuestro interior, pues hay algo que debemos saber.

TELESCOPIO

Normalmente el telescopio se utiliza para ver más de cerca los astros, y ya vimos que los astros simbolizaban el destino. Soñar que estamos mirando por un telescopio indica que tenemos capacidad para observar el destino más claro; es decir, tal vez nos indique el sueño que poseemos algún tipo de intuición o clarividencia que nos permite observar, en cierto modo, el futuro. En este caso, debemos utilizar este don para mejorarlo con nuestras acciones diarias.

TESORO

El tesoro de los sueños simboliza el conocimiento y la perfección de nuestra personalidad. El Santo Grial tiene el mismo significado: encontrar lo más perfecto que hay en nosotros, lo que no se encuentra sin una gran transformación interior. Por eso los cuentos de tesoros siempre están repletos de aventuras, donde no faltan peligros y obstáculos difíciles de sortear, los que representan todas las dificultades a las que se enfrenta el alma en su búsqueda de la perfección. Muchas veces, al buscar el tesoro, aparecen bandidos y ladrones que no nos dejan llegar hasta él. Estos personajes son tendencias de nuestra alma que hay que quitar de en medio para encontrar la perfección; es decir, mientras no nos desprendamos de las tendencias negativas y los instintos violentos, mientras no purifiquemos nuestra alma, no podremos alcanzar el tesoro que anhelamos, que representa la iniciación.

TIEMPO (Ver reloj)

TIGRE

El tigre representa a los instintos más poderosos de nuestra personalidad. Si vencemos al tigre, significa que hemos vencido nuestra personalidad instintiva más violenta y poderosa. Es señal de que hemos vencido todos nuestros vicios. Pero si soñamos que el tigre causa muertes, entonces es un aviso para que intentemos relajarnos y dominar nuestra naturaleza inferior, pues puede ser peligrosa.

TIJERAS

Soñar con tijeras indica que hay algo que cortar en nuestra vida. Puede ser una relación o un vicio que nos domina y no nos conviene.

TORTUGA

La tortuga representa la lentitud y la protección. En China se relaciona con la sabiduría y conocimiento. Soñar con tortugas que van por el agua indica que nuestros sentimientos son lentos. Si soñamos que se esconden en su caparazón, el significado es que nos protegemos demasiado de los demás por miedo a que nos hagan daño.

TREN (Ver autobús)

TORERO

La corrida de toros tiene un profundo significado: El torero representa a nuestro Yo superior; el toro es la bestia interior, nuestras pasiones y bajos instintos. Soñar con una corrida de toros indica la forma en que debemos proceder para acorralar y vencer a nuestra bestia interior.

TÚNEL

El túnel se ha asociado a muchas experiencias de "casi muerte". Representa un periodo de oscuridad entre dos estados de conciencia distintos. Si soñamos que estamos dentro del túnel y reculamos para atrás, indica que no queremos dar este cambio y nos gustaría refugiarnos en lo que conocemos. El mensaje del sueño es que hemos de seguir hacia delante, pues al final del túnel nos espera la luz gloriosa del porvenir.

UMBRAL

El umbral en sueños indica la frontera entre dos estados de conciencia distintos. Un periodo nuevo se abre ante nosotros. Quizá se trate de nuevas experiencias que no debemos rechazar, O, tal vez, se trate de un nuevo despertar espiritual. En cualquier caso, el sueño nos invita a que lo crucemos, a que no opongamos resistencia. A veces hay que luchar con alguien que está en la puerta. Este ser representa a todas nuestras maldades, lo que es indicio de que hemos de purgarlos antes de poder entrar en este nuevo lugar.

UVAS

Soñar con uvas augura satisfacciones, alegrías y bienestar. Si bebemos el mosto, puede indicar una necesidad de purificación espiritual.

VACA

La vaca simboliza la abundancia y la prosperidad material, sobre todo si las soñamos gordas. Acordémonos de las 7 vacas gordas y las 7 vacas flacas del sueño de José, lo cual simbolizaba 7 años de prosperidad y abundancia y 7 años de escasez.

VACACIONES

Las vacaciones simbolizan el descanso y la relajación. Si en sueños estamos disfrutando de ellas, es indicio de que deseamos unas vacaciones o las necesitamos. El sueño nos invita a relajarnos un poco y disfrutar un tiempo de no tener nada que hacer.

VAGABUNDO (Ver mendigo)

VELA (Ver lámpara)

VENDA

Ponernos una venda en sueños indica que hemos de curar alguna herida. Si es en las manos, señala una herida por nuestra forma de actuar. Si es en la cabeza, hemos de curar una herida mental:. Si es en los pies , es una herida del alma...

VENTANA (Ver casa)

VERANO

Todo lo que ocurre durante el verano en nuestro sueño indica que se realizará rápido. Es la época de los frutos, los cuales caerán pronto a nuestro alrededor, siempre y cuando los hayamos sembrado, esto es, hayamos trabajado para que se desarrollen nuestras ideas y proyectos.

VOLAR

Volar simboliza la elevación. Si lo hacemos hacia arriba supone avanzar hacia una nueva conciencia más espiritual. Si volamos hacia abajo, quiere decir que hemos alcanzado una elevación espiritual y ahora, una de dos: o debemos bajar a enseñar a los que están en niveles inferiores a nosotros lo que sabemos, o nos estamos degradando. Si volamos alto y, de repente, caemos, significa que hemos alcanzado niveles superiores de conciencia; pero nuestros métodos no han sido muy ortodoxos y, ahora corremos el riesgo de caer a donde estábamos.

ZAPATOS

Los pies simbolizan el signo de Piscis y el alma humana, y los zapatos son aquellas tendencias y envoltorios con los que la cubrimos. Si los zapatos de nuestros sueños nos hacen daño, es señal de que no la dejamos expresarse en libertad, le imponemos normas y límites que le producen daños. El sueño nos aconseja ponerle los zapatos adecuados, esto es dejarla expresarse en libertad.

Made in United States
North Haven, CT
20 January 2026